员工沉默行为影响因素与作用机制

毛畅果 著

·北京·

图书在版编目（CIP）数据

员工沉默行为：影响因素与作用机制／毛畅果著.
北京：中国经济出版社，2017.8（2024.1重印）
ISBN 978-7-5136-4781-6

Ⅰ.①员… Ⅱ.①毛… Ⅲ.①企业—职工—行为分析 Ⅳ.①F272.92

中国版本图书馆 CIP 数据核字（2017）第 173465 号

责任编辑 赵静宜
责任印制 巢新强
封面设计 久品轩

出版发行 中国经济出版社
印 刷 者 永清县晔盛亚胶印有限公司
经 销 者 各地新华书店
开　　本 710mm×1000mm 1/16
印　　张 11.75
字　　数 142 千字
版　　次 2017 年 8 月第 1 版
印　　次 2024 年 1 月第 2 次
定　　价 78.00 元
广告经营许可证 京西工商广字第 8179 号

中国经济出版社 **网址** www.economyph.com **社址** 北京市东城区安定门外大街 58 号 **邮编** 100011
本版图书如存在印装质量问题，请与本社销售中心联系调换（联系电话：010-57512564）

第1章 引言

1.1 研究背景

1.1.1 管理现象

在安徒生童话《皇帝的新装》中，面对一丝不挂的皇帝，大臣和市民为了避免被认为是愚蠢的人，都刻意隐瞒了自己真实的想法，对根本不存在的新装赞不绝口。这种明知不说、保持沉默的情形不仅出现在童话故事中，也是现实生活的真实写照。

在社会生活中，人们对沉默的褒扬和偏爱由来已久，并充分体现在各种箴言训诫中。“雄辩是银，沉默是金”，沉默代表的是一种能力和强势；“少说多做”“实干兴邦，空谈误国”，沉默代表的是一种踏实和干劲；“言多必失，祸从口出”“枪打出头鸟”，沉默代表的是一种谨慎和保全；“知道易，勿言难。知而不言，所以之天也；知而言之，所以之人也”①，沉默代表的是一种凡人难以修得的境界。

在这样的文化环境下，沉默成为人际交往过程中的一种普遍现象：“非礼勿言”是礼节性的沉默，“心照不宣”是合谋式的沉默，“视而不见”是冷漠型的沉默，“顾左右而言他”是计略式的沉默，“当面不

---

① 出自《庄子·列御寇》。

说背后说”是选择性的沉默，“众人皆醉我独醒，举世皆浊我独清”是孤傲式的沉默，当有人高呼“位卑未敢忘忧国”的同时，大多数人却保持着“人微言轻”的无奈式沉默。

这样的沉默之风也同样弥漫在工作场所中。虽然在日常的工作活动中，任何工作类型和职位的员工都有可能发现一些与工作和组织相关的潜在问题和改进方法，但研究却表明，无论是对于自己的观点意见（如 Bowen & Blackmon，2003）、不良的工作遭遇（如 Cortina & Magley，2003），还是对于医院的护理安全（如 Edmondson，2003）、企业的运营绩效问题（如 Detert & Treviño，2010），员工都经常会故意选择用沉默的方式来应对。通过对全美多个行业 40 名全职员工访谈的结果显示，85% 的员工承认自己曾经刻意隐瞒过与组织相关的重要信息，50% 的员工表示与其他人谈论组织存在的问题或者发生的事件会让自己觉得不舒服（Milliken，Morrison，& Hewlin，2003）。

事实上，日益动态化的商业环境对组织的反应能力提出了更高的要求。而现代组织是否能够及时、有效地回应市场变化从而获得商业机遇，则在很大程度上取决于组织所拥有的信息量。随着现代组织规模的扩大和结构的复杂化，普通员工往往更容易在日常工作中了解到高层管理者无法接触的信息和难以发现的问题（Detert & Edmondson，2011；Morrison & Milliken，2000）。因此，各个层次和岗位上的员工所拥有的信息、想法和建议等越来越被视为是组织中的宝贵资源，对于组织的绩效提升乃至生存发展有着重要的意义。通过向管理者提供自己拥有的信息和想法，员工能够及时有效地帮助组织清除不良因素、提供解决问题的办法或改进流程的途径（Detert & Edmondson，2011）。

相反，员工对于工作中有用信息和想法的刻意隐瞒（即员工沉默行为）则是组织前进和发展的“隐形杀手”。首先，员工的沉默会减少组织决策制定者所获得信息的多样性，从而阻碍决策制定的有效性和组织的变革进程（Huang，Van de Vliert，& Van der Vegt，2005；Morrison & Milliken，2000；Tangirala & Ramanujam，2008；Van Dyne，Ang，& Botero，2003）。其次，员工沉默可能会阻碍负面信息的反馈，使得管理者错误地将沉默看作达成共识的和谐一致，损害组织及时侦查和纠正错误的能力（Detert & Edmondson，2011；Morrison & Milliken，2000）。古语曰“亡羊而补牢，未为迟也”①，员工沉默会让组织难以意识到“亡羊”，从而蒙受更多由于没有及时“补牢”而带来的损失。再次，沉默行为会阻碍员工之间的信息分享和思维启迪，从而损害组织中的持续学习（Edmondson，2003；Milliken & Lam，2009）。最后，对自己言论的刻意压抑会使员工觉得难以掌控自己的工作和环境，引起认知失调，从而降低员工的工作动机、满意度、工作投入，增加员工的压力症状、身心疏离、报复欲望和反生产行为（Cortina & Magley，2003；Morrison & Milliken，2000；Vakola & Bouradas，2005）。

对于在工作中获得的信息、产生的想法、发现的问题，是去自由地表达，还是保持沉默，是每一个员工在每一天的工作中都会面临的选择（Morrison，2011）。那么，什么样的因素会影响员工的沉默选择呢？为了尽可能地减少由于员工刻意隐瞒重要工作信息而带来的负面影响，探索组织中员工沉默行为的影响因素对于现代组织的管理实践具有非常重要的意义。

1.1.2 理论研究

近年来，员工沉默行为的潜在危害也得到了越来越多研究者的关注，一些理论和实证研究开始探讨影响员工沉默行为的个体或情境因

① 出自《战国策·楚策》。

素（Greenberg & Edwards，2009；Morrison，2011；Morrison & Milliken，2000）。然而，比起其他表现明显的行为，沉默行为几乎没有典型的外在表现，是一种更为内化的行为。一些学者甚至将沉默视为没有意见，而非特定的行为（non – behavior）。正是由于这种外在表现的模糊性，使沉默行为一方面较难引起他人的察觉和关注，另一方面也更可能被旁观者进行错误地归因，大大增加了相关研究的难度（Van Dyne et al.，2003）。

因此到目前为止，员工沉默这一重要的组织行为并没有受到应有的重视，相关的研究数量不多，仍然有待更多深入的学术探讨（Morrison，2011；Morrison & Milliken，2000；Pinder & Harlos，2001）。虽然一些具有前瞻性的质性研究提出了影响员工沉默行为的因素和理论模型，但这些理论框架和设想却很少能得到相应的定量检验（Detert & Burris，2007；Morrison，2011）。现有的大多数实证研究都将焦点放在影响员工沉默行为的一些心理感知变量上（如组织承诺、组织认同等；Tangirala & Ramanujam，2008），而较少涉及一些更前端的影响因素（distal factor）（如领导特征、员工特质等）。

在一个组织中，领导是影响员工态度和行为的关键因素。作为团队最直接的正式权威，领导是引导和控制团队成员的核心人物。一个领导的人际交往风格、信息分享倾向、决策制定方式等会极大地影响团队成员的情绪、感知和态度（Loi，Lai，& Lam，2012）。更重要的是，通过在日常工作中的言谈举止，领导会让团队成员深刻地意识到，在自己所处的团队中什么样的行为方式是正确的和合适的（Yang，Mossholder，& Peng，2007）。例如，专权的领导风格会促使员工尊重团队规范，循规蹈矩地工作，而民主的领导风格则会让员工相信下属与领导之间可以建立起平等对称的信息和资源交换关系。

基于此，领导对于员工沉默行为具有至关重要的影响（Burris, Detert, & Chiaburu, 2008；Detert & Burris, 2007；Milliken et al., 2003；Milliken & Lam, 2009；Pinder & Harlos, 2001）。一方面，领导掌握着更多的权力，是员工意见的主要接收者，决定了员工的意见或建议会得到怎样的处理。领导是否乐于听取意见和采纳建议，会深刻地影响员工是否愿意去发表自己的看法（Detert & Burris, 2007；Milliken et al., 2003；Morrison & Milliken, 2000）。另一方面，领导负责统筹团队的可分配资源，影响着团队成员的工作指派、绩效评估、薪酬水平和培训晋升。因此，领导对于员工言论的态度反应和处理方式也会直接影响员工的沉默决策。然而遗憾的是，迄今为止，关注领导与员工沉默行为关系的研究（特别是实证研究）数量不多，领导对员工沉默行为的影响及其作用机制仍有待进一步的深入探究（Detert & Burris, 2007；Detert & Edmondson, 2011；Morrison, 2011）。

除此之外，不同的员工对于同一个领导的反应也会有所不同，领导因素和员工因素会共同作用于员工的沉默行为（Morrison, 2011；Morrison & Milliken, 2000）。然而，以往的沉默行为研究要么只关注领导方面的影响，要么只关注员工方面的影响，很少考虑二者的共同作用（Morrison, 2011）。因此，同时检验来自领导和员工两方面因素对沉默行为影响的研究（特别是跨层次研究）是非常有必要的（Morrison & Milliken, 2000；Tangirala & Ramanujam, 2008）。

1.2 研究内容与意义

为了更好地回答管理实践的问题、顺应理论研究的趋势、弥补现有研究的不足，本研究基于社会信息加工理论（social information processing perspective；Salancik & Pfeffer，1978）和调节焦点理论（regulatory focus theory；Higgins，1997，1998），从领导和员工两方面的视角切入，检验了员工沉默行为的影响因素及其作用机制。具体的研究内容和研究意义如下：

1.2.1 领导文化价值倾向与员工沉默行为

文化价值倾向（cultural value orientation）是指个人持有的文化价值和信念（Kirkman，Chen，Farh，Chen，& Lowe，2009）。虽然文化价值观最早起源于国家层次的民族文化研究（Hofstede，1980），但很多研究表明，在同一个民族文化下，不同个体持有的文化价值倾向其实存在着更大的差异，这种个体层次的文化价值倾向甚至比民族文化更能够有效地预测个体的态度和行为（Gelfand，Erez，& Aycan，2007；Kirkman，Lowe，& Gibson，2006；Tsui，Nifadkar，& Ou，2007）。最近的元分析进一步表明，由于最初 Hofstede（1980）的民族文化研究是基于员工样本的，文化价值倾向对于工作场所中员工行为的解释效力甚至超过了一些常见的人格特质或人口统计学变量（Taras，Kirkman，& Steel，2010）。特别地，有关领导的研究表明，领导的文化价值倾向会反映为特定的领导行为，从而影响员工的态度和行为（Earley & Erez，1997；House，Hanges，Javidan，Dorfman，& Gupta，2004；Javidan，Dorfman，Sully de Luque，& House，2006）。因此，本研究尝试从文化价值倾向的角度来探讨领导对员工沉默行为的影响。

作为个体文化价值倾向的重要维度之一，权力距离倾向（power distance orientation）反映了个体对权力不平等分配的接受程度（Kirkman et al.，2009）。权力距离文化价值观会显著影响管理者在工作情境中的行为倾向。对 47 个国家中层管理者的调查表明，持有高权力距离文化价值观的管理者更倾向于直接督导下属，而持有低权力距离文化价值观的管理者则更愿意和下属建立平等对话关系（Smith，Peterson，& Schwartz，2002）。此外，House 等（2004）也发现，领导的权力距离倾向与自我保护型领导风格正相关，与魅力型领导、参与型领导负相关。

由于权力距离反映了组织中上下级之间的相互关系，比起其他文化价值观（如个体主义—集体主义、女性化—男性化、不确定性规避），领导持有的权力距离倾向与员工沉默行为可能具有更为直接的关系（Kirkman et al.，2009；Kish - Gephart，Detert，Treviño，& Edmondson，2009）。然而，领导权力距离倾向与组织中员工沉默行为的关系却较少得到实证研究的检验（Morrison & Milliken，2000；Morrison & Rothman，2009；Pinder & Harlos，2001），因此，本研究将领导权力距离倾向作为组织中员工沉默行为的重要影响因素。

进一步地，领导究竟会通过怎样的机制来影响员工行为，一直以来都是学者们热衷于讨论的研究问题（Kark & Van Dijk，2007）。在以往有关员工沉默行为的理论文献中，很多学者指出“员工的意见或建议是否会被采用”“员工在发表言论之后是否会受到打击报复”是影响员工沉默行为的两条重要机制（Milliken et al.，2003；Morrison & Milliken，2000；Tangirala & Ramanujam，2008），但这一命题却很少在沉默行为的实证研究中得到检验。鉴于此，本研究基于一个整合的假设模型，检验和比较了建言有用感（voice utility）和心理安全感（psychological safety）这两个员工心理感知变量对领导权力距离倾向与员工沉默行为之间关系的中介效应。

1.2.2 调节焦点对领导倾向与员工沉默行为关系的调节作用

领导不是一个单方面的活动，而是领导者与员工之间的一系列交互过程，因此，同样的领导风格和行为也可能引起不同的员工做出不同的反应（Gorman et al.，2012；Lord，Brown，& Freiberg，1999）。然而，对于员工在领导过程中可能产生的重要影响，现有研究的挖掘深度还远远不够（Lord et al.，1999）。类似地，很多研究文化价值观的学者也指出，个体文化价值观的影响很可能受到一些变量（如个人特质、情境变量等）的调节（Kark & Van Dijk，2007；Kirkman et al.，2006）。因此，本研究在检验领导权力距离倾向对员工沉默行为的作用机制时，引入了员工的调节焦点这一人格特质作为研究模型中的重要调节变量。

调节焦点（regulatory focus）反映了个体对趋近快乐或避免痛苦的关注程度（Higgins，1997）。自提出以来，调节焦点理论（Higgins，1997，1998）就引起了很多学者的关注和探讨。很多实证研究发现，调节焦点会显著地影响个体的目标追求（Förster，Higgins，& Idson，1998；Shah，Higgins，& Friedman，1998）、决策制定（Crowe & Higgins，1997）、创造性（Friedman & Förster，2001）、信息加工与说服（Aaker & Lee，2001）、反馈与动机（Förster，Grant，Idson，& Higgins，2001；Van Dijk & Kluger，2004）等。

特别是调节焦点也有助于解释工作场所中的员工行为。从行为策略来看，促进焦点的员工可能更关注怎样通过积极的方式（如加班完成额外的工作）来实现理想目标，而防御焦点的员工则可能更关注怎样通过防止错误（如不要在文案中出现错别字）来完成应做的任务。从行为结果来看，促进焦点与员工的创新绩效、生产率显著正相关，而防御焦点与员工的安全绩效显著正相关（Lanaj，Chang，& R. E. Johnson，2012；Wallace & Chen，2006）。近年来，调节焦点理论在工作情境中的良好适用性得到了更充分的证明。最近的元分析发现，相比起其他的人格特质，调节焦点对于员工的态度和行为都有着独特的解释力（Lanaj et al.，2012）。虽然调节焦点理论对于领导领域的理论发展同样具有重要的意义，但却很少有学者在探讨领导过程或领导有效性的相关研究中关注调节焦点（Kark & Van Dijk，2007）。为了弥补现有研究的这一不足，本研究在探讨领导对员工沉默行为的影响机制时，充分考虑了调节焦点的作用。

具体来说，本研究检验了员工的调节焦点会如何影响领导权力距离倾向与员工沉默行为之间的间接作用。基于本研究的假设模型，领导权力距离倾向会通过两条中介机制（建言有用感和心理安全感）来对员工沉默行为施以影响。一方面，建言有用感是员工对于自己的意见或建议是否有用的感知，这种对于积极结果的预期是促进导向的，因此这一中介机制更可能受到促进焦点的调节；另一方面，心理安全感是员工对于自己意见或建议是否会引起不安全的感知，这种对于负面结果的感知是防御导向的，因此这一中介机制更可能受到防御焦点的调节。由于以往研究较多地检验了调节焦点对员工的直接影响而非调节效应，因此，本研究较好地响应了学者们对于调节焦点交互效应研究的鼓励和呼吁（Brockner & Higgins，2001；P. D. Johnson，Smith，Wallace，Hill，& Baron，2015；Wallace & Chen，2006）。

1.2.3 主要研究内容

总的来说，本研究关注工作场所中员工沉默行为的影响因素、作用机制及对应的调节变量。首先，基于社会信息加工理论，本研究从文化价值观的视角出发，检验了领导权力距离倾向对员工沉默行为的跨层次作用。其次，为了更好地探讨领导权力距离倾向对员工沉默行为的影响机制，基于已有的沉默行为理论，引入建言有用感和心理安全感作为重要的中介变量，检验了这两个员工感知变量对于领导权力距离倾向与员工沉默行为关系的中介效应。最后，基于调节焦点理论，检验了员工的调节焦点对领导权力距离倾向与员工沉默行为之间的间接关系的调节作用。

1.3 本书结构安排

本书一共包括6章，具体的内容安排如下所示：

第1章为引言。引言部分基于对社会生活和管理现象的思考，提出本研究所关注的重要构念——员工沉默行为。通过回顾员工沉默行为的研究现状，总结现有研究的不足和有待研究的问题，并基于此提出主要内容。

第2章为文献述评。文献述评部分包括三小节内容，分别对研究模型中的三个主要变量（员工沉默行为、权力距离倾向、调节焦点）的概念来源、测量方式、前因变量、后果变量及相关理论进行系统的文献回顾，为研究假设的提出做好理论铺垫。

第3章为理论与假设。理论与假设部分基于现有的组织领域理论和相关研究结果，提出研究假设，构建本研究的理论模型。

第4章为研究方法。研究方法部分介绍本研究中采用的测量工具、抽样方法、调查过程和分析技术等，为假设检验做好数据和方法的准备。

第5章为分析结果。分析结果部分基于实证调查数据，采用合适的统计分析技术，根据提出的假设，报告相应的分析结果。

第6章为讨论与结论。讨论与结论部分对本研究得出的结果进行总结和讨论，阐明研究结果的理论意义和实践启示，并指出研究的不足之处以及未来相关研究的方向。

第2章　文献述评

为了更好地阐明本研究所涉及构念的理论基础和研究进展，本章从构念的起源与界定、结构与测量、前因变量和影响结果等方面，对员工沉默行为、权力距离倾向、调节焦点的现有文献进行回顾和梳理。

2.1　员工沉默行为

2.1.1　员工沉默行为的界定

1. 员工沉默行为的定义

在日常工作中，员工经常会产生一些有助于工作或组织的想法。员工有时候会将这些想法表达出来，有时候却会选择刻意隐瞒这些想法。Van Dyne 等（2003）将员工这种故意向组织隐瞒工作相关信息的行为定义为员工沉默行为（employee silence）。Pinder 和 Harlos（2001）认为，沉默行为是员工向组织中有变革能力的人隐瞒自己对组织状况的真实想法，这种隐瞒可以是行为上的（behavioral）、认知上的（cognitive）或者情感上的（emotional）。

除了个体层次的沉默行为，Morrison 和 Milliken（2000）指出，沉默还可以发生在组织层次上，他们提出了组织沉默（organizational silence）这一概念，认为组织沉默是员工们隐瞒自己对潜在组织问题的看法和意见的集体现象。

本研究关注个体层次的员工沉默行为。基于以往研究的界定，本研究中的员工沉默行为是指员工向管理者故意隐瞒能够改善工作或组织状况的重要想法、建议、问题等信息的行为。

2. 沉默行为与建言行为的区别

在组织行为学领域中，建言行为（voice）是与沉默行为最密切相关的构念。与员工的沉默行为相对应，建言行为是指员工本着有益于组织的目的，自发、主动地表达与工作相关的想法、信息或观点的行为（Van Dyne et al.，2003）。迄今为止，对于员工沉默行为与建言行为的关系，学者们尚未达成一致的观点。一些学者（如 Ashford，Sutcliffe，& Christianson，2009；Morrison，2011）将沉默行为和建言行为视为同一连续体的两个极端，即高/低水平的沉默行为分别代表着低/高水平的建言行为。这些学者认为，当持有与组织相关的信息、想法或意见时，个体要么会选择表达出来（建言），要么会选择压抑不说（沉默），因此，他们并不将沉默行为独立于建言行为，认为沉默只是代表了一种“失败的建言”（failure to voice；Morrison，2011）。

相反，另一些学者（如 Brinsfield，Edwards，& Greenberg，2009；Pinder & Harlos，2001；Van Dyne et al.，2003）则指出，虽然从表面上来看，沉默行为与建言行为确实分别代表了员工隐瞒或表达工作相关信息的两种相悖的行为，但从本质上来说，沉默行为与建言行为却是两个相互独立的构念。与这一派的观点一致，本研究认为沉默行为并不仅仅是低水平的建言行为，而应该将二者进行区别对待。具体原因如下：

首先，沉默行为不等于低水平的建言行为。不同于低水平的建言行为，沉默行为是员工对于工作中重要信息或想法的故意隐瞒和压抑，往往是员工经过深思熟虑后选择的一种沟通决策，而非不经意的沟通失败（Milliken et al.，2003；Pinder & Harlos，2001；Tangirala & Ramanujam，2008；Van Dyne et al.，2003）。Tangirala 和 Ramanujam（2008）指出，没有去表达（express）看法并不意味着压抑（suppress）自己的想法。例如，员工没有去表达不满意，并不意味着员工在隐瞒不满和保持沉默，而很可能是因为员工并没有不满意。同样，一个员工不向组织提供有用的信息或想法，也有可能是因为这个员工根本没有信息或意见想要去表达，这本身不同于故意地保持沉默（Morrison & Milliken，2000；Pinder & Harlos，2001；Van Dyne et al.，2003）。因此，低水平的建言行为与沉默行为在本质上是不同的现象（Detert & Edmondson，2011）。

其次，沉默行为和建言行为的内在动机是截然不同的。建言行为属于主动行为（proactive behavior），通常被视为一种挑战促进型（promotive－challenging）组织公民行为（organizational citizenship behavior；Van Dyne & LePine，1998）。员工积极采取建言行为的目的往往是更好地帮助组织或团队的发展，是他人导向的（other－focused），具有亲社会性（prosocial）内在动机（Van Dyne et al.，2003；Morrison，2011）。相反，沉默行为虽然也是一种自主的行为决策，却是自我导向的（self－focused；Kish－Gephart et al.，2009；Van Dyne et al.，2003）。员工的沉默行为不仅反映为员工压抑有助于组织或团队的建议和想法，同样也可能表现为员工故意拒绝与他人分享基本工作所必需的重要信息（Brinsfield et al.，2009）。因此，员工沉默行为的最初目的不仅不是亲社会性的，甚至有可能是故意想要损害组织和他人的利益。从这种意义上来说，沉默行为不是组织公民行为的缺失，在某种程度上甚至是一种反生产工作行为（counterproductive work behavior）。

如此一来，影响员工沉默行为与建言行为的前因变量也是有差异的。员工的建言行为更容易受到一些积极的激励因素驱动，例如，对组织或领导的信任和认同（如 Gao，Janssen，& Shi，2011；Liu，Zhu，& Yang，2010）、高质量的领导成员关系（如 Burris et al.，2008；Van Dyne，Kamdar，& Joireman，2008）或者来自同事的支持（如 Tucker，Chmiel，Turner，Hershcovis，& Stride，2008）。相反，员工的沉默行为则更容易被一些消极因素影响，例如，员工对自己想法的压抑决策在很大程度上是基于对可能风险（如人际报复、负面评价）的考量（Detert & Edmondson，2011；Milliken et al.，2003）。

再次，沉默行为与建言行为并不是非此即彼的。高水平的沉默行为和高水平的建言行为可以同时存在于一个员工身上。例如，员工可能在公开场所经常积极地表达自己对某个问题的赞同意见，但实际上却同时在内心压抑了真实的反对观点（Tangirala & Ramanujam，2008）。又如，员工可能会积极传递某些类型的信息、表达某些方面的观点，但却同时刻意隐瞒了另外一些类型的信息和想法（Detert & Edmondson，2011）。同样，低水平的沉默行为和低水平的建言行为也可能同时存在于同一个员工身上，这样的员工并没有什么想法要去表达，因此不会积极去发表意见，当然，这样的员工也没有想法刻意去隐瞒。

最后，沉默行为与建言行为的区别也得到了实证数据的支持。Detert 和 Edmondson（2011）的实证研究（研究四）结果表明，员工的沉默行为和建言行为仅存在中度的相关关系（$r = -.55$），只有 30% 左右的共同变异。他们将沉默行为和建言行为的题目进行测量模型检验，发现二因子模型的拟合度明显优于单因子模型。同样，在以中国员工为样本的实证研究中，沉默行为和建言行为的相关关系也较弱（$r = -.47$），二者仅存在22%左右的共同变异（Mao，Chang，R. E. Johnson，& Sun，2012）。因此，员工的沉默行为和建言行为确实是相互独立的两个构念。本研究主要关注员工沉默行为的前因变量及作用机制，以下有针对性地回顾了员工沉默行为的相关文献。

2.1.2 员工沉默行为的类型

员工沉默是一种多维的构念（multi - dimensional construct），学者们根据不同的方式，将沉默行为分为多种类型。

1. Pinder 和 Harlos（2001）的分类

Pinder 和 Harlos（2001）将员工沉默行为分为两种类型：无为性沉默（quiescent silence）和默许性沉默（acquiescent silence）。无为性沉默是员工主动选择的信息刻意隐瞒，是基于害怕（fear）的自我保护行为。采取无为性沉默的员工虽然不满意组织的现状，但并没有放弃去改变现状的希望。他们之所以保持沉默，并非是不想说出自己的想法，而是害怕表达意见可能会为自己带来不好的结果。与无为性沉默相关的情绪包括害怕、愤怒、绝望、焦虑、沮丧等。

与无为性沉默相反，默许性沉默是一种被动的沉默行为，它源于员工对组织的服从（submission）。虽然同是处于不满意和不舒服的状态，但采取默许性沉默的员工焦虑程度较低，对于组织现有状况不敏感、接受程度比较高。他们放弃发展的希望，不关注组织的变革，不想去试图争取和改变现状，甚至对自己的沉默行为也缺乏清楚的认识。和无为性沉默相比，默许性沉默是一种更加深度的沉默，因而打破这种沉默也需要更多的外部力量。

2. Van Dyne 等（2003）的分类

Van Dyne 等（2003）在 Pinder 和 Harlos（2001）的基础上，界定

了三种不同类型的员工沉默：默许性沉默（acquiescent silence）、防御性沉默（defensive silence）和亲社会性沉默（prosocial silence）。默许性沉默是放弃改变现状的一种被动行为（passive behavior），是员工基于顺从（resignation）的工作疏离（disengagement），这与Pinder和Harlos（2001）对默许性沉默的界定是一致的。选择默许性沉默的员工可能具有较低的自我效能感，他们通常认为自己发表的意见不会带来什么影响和改变，所以不愿意为组织建言献策，也不期待去改变现有的状况。

除了被动的表现形式，沉默行为也可以反映为员工采取的主动行为（active behavior）。Van Dyne等（2003）根据行为是出于自我考虑还是他人考虑，将主动的沉默行为分为防御性沉默和亲社会性沉默两类。防御性沉默是一种避免自己不受到外部威胁的自我保护行为，选择防御性沉默的员工担心发表意见可能会为自己带来不良的影响，这与Pinder和Harlos（2001）提出的无为性沉默是相似的。

不同于Pinder和Harlos（2001），Van Dyne等（2003）首次提出了亲社会性沉默。Van Dyne等（2003）认为，某些沉默行为也有可能是一种基于合作的利他行为，可以被视为组织公民行为的表现形式之一。这种沉默类型的员工隐瞒工作相关的想法、信息和意见的初衷是为了保护组织或他人的利益，是具有利他和合作动机的。虽然与防御性沉默一样，亲社会性沉默也是源于员工对负面结果的担心，但采取亲社会性沉默的员工所关注的焦点是他人而非自己。

3. Kish－Gephart等（2009）的分类

Kish－Gephart等（2009）根据个体的害怕强度和反应时限，进一步将防御性沉默行为分为三种类型（见图2－1）：非故意型（non－deliberative）、基模驱动型（schema－driven）和故意型（deliberative）。

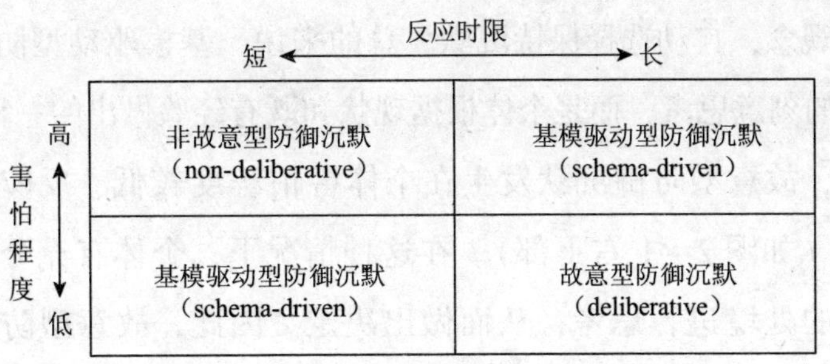

图2－1　防御性沉默行为的类型

资料来源：Kish－Gephart等（2009）.

非故意型防御沉默发生在个体的害怕程度较高、可以用来思考和反应的时间较短的情况下（如图2－1左上部）。这种沉默行为是一种自动的、无意识的心理反应。例如，当员工刚想要与管理者谈论问题的时候，却发现管理者突然变得有点生气，这会促使员工立即产生高强度的害怕，由于面对面沟通中可供反应的时限较短，员工只好本能地作出防御性沉默的反应。

基模驱动型防御沉默通常分为以下两种情况：一种发生在个体害怕程度较高、拥有较长反应时间的情况下（如图2－1右上部）。这时候的基模驱动型沉默是员工有意识的、非刻意思考后的行为决策。例如，当员工发现一项领导很满意的项目中存在某个重大问题时，如果该领导平时脾气不太好，员工就会产生较高程度的害怕。这时候，员工会迅速做出一个基模驱动的防御性沉默决定。虽然此后该员工可能仍会有很长的时间来考虑到底要不要去说，但这种考虑所带来的不适感会大大降低员工的动机，使得员工最终还是倾向于信赖自己最初那个基模驱动的沉默选择。

另一种基模驱动型防御沉默发生在个体害怕程度低、反应时间短的情况下（如图2－1左下部）。例如，员工可能在某个会议上有自己的意见，但由于可供思考的时间有限，员工往往会基于“安全总比冒险好”的观念，自动选择保持沉默。总的来说，基模驱动型防御沉默不需要个体的刻意思考，而是个体根据现状和既有经验做出的一种选择。

最后，故意型防御沉默发生在个体害怕程度较低、反应时间充足的情况下（如图2－1右下部）。在这种情况下，个体有充分的时间对自己面临的处境进行思考，从而做出决定。因此，故意型防御沉默是一种保护自己不遭受潜在危险的有意识的决策结果。

Kish－Gephart等（2009）指出，以上这三种类型的防御性沉默都是基于特定事件的反应，但从长期来看，个体还可能逐渐形成习惯性沉默（habituated silence）。根据习得性无助理论（learned helplessness theory；Seligman，1975），保持安全、远离威胁是人的本能反应，当个体不断遭遇负面结果后，会感觉自己无力控制结果，从而放弃尝试。因此，如果曾经多次由于发表看法而遭到领导的负面对待，员工就不会一而再、再而三地去尝试考虑自己发表意见是否会带来威胁，而是会仅仅为了避免威胁而习惯性地保持沉默。这种习惯性沉默类似于Pinder和Harlos（2001）、Van Dyne等（2003）提出的默许性沉默。

4. 郑晓涛等（2008）的分类

郑晓涛、柯江林、石金涛和郑兴山（2008）在中国组织背景下提出了中国员工沉默行为的三维结构：默许沉默、防御沉默和漠视沉默。其中，默许沉默是指员工觉得自己对现状的改变无能为力，只能被迫地选择放弃发表自己的言论；防御沉默是指员工基于自我保护的目的，为了避免人际关系的损害而保留意见；漠视沉默是指员工对于组织漠不关心、放弃改变现状的希望而采取的沉默行为。这一分类方式与Van Dyne等（2003）提出的沉默行为三维结构较为相似。

5. 其他分类方式

员工沉默行为还可以根据沉默的内容和沉默的对象来分类。按照员工沉默的内容，可以将沉默行为分为对工作有效性问题的沉默、对个人工作遭遇的沉默等；按照员工沉默的对象，可以将沉默行为分为对上级的沉默、对同事的沉默、对下属的沉默等；当然，也可以按照员工自身的职位等级，将沉默行为分为基层员工的沉默、中层管理者的沉默和高层管理者的沉默（Tangirala & Ramanujam，2008）。

需要说明的是，为了使研究的问题更加聚焦，本研究将员工沉默行为限定为普通员工对于直接领导的向上沉默行为（upward silence）。这样的界定是出于以下两方面的考虑：一方面，本研究关注普通员工的沉默行为，是因为在组织中普通员工数量众多且从事一线工作，更容易在日常工作中产生一些有益于组织的实用性建议或意见（Edmondson，1999）。此外，普通员工职位低，更可能将提出的意见或建议视为对领导的不满和批评，从而容易由于担心自己留下不好的印象而采取沉默行为（Morrison & Milliken，2000；Pinder & Harlos，2001；Van Dyne et al.，2003）。

另一方面，本研究将员工沉默的对象限定为直接领导，是考虑到对于不同的人际交往对象，员工压抑自己想法和言论的程度和内在原因是不同的（Brinsfield et al.，2009；Liu et al.，2010）。例如，对于同事的沉默可能更多是出于社交结果方面的考虑，怕发表意见会让同事觉得自己很愚蠢，或者被同事孤立（Milliken et al.，2003）；对于领导的沉默可能更多是出于职业结果方面的考虑，怕发表意见会让自己失去晋升和加薪的机会，甚至遭到报复和解雇（Kish - Gephart et al.，2009）；而对于下属的沉默则更可能是出于想要维护自己的威信和颜面的考虑。比起同事和下属，直接领导是与普通员工日常接触最多的组织管理者，他们被赋予了应对员工建议的权力和资源，因而最容易成为员工意见或建议的接收者和处理者。因此，将沉默对象限定为直接领导有助于本研究更有针对性地探讨员工沉默行为的影响机制。

2.1.3 员工沉默行为的测量

沉默行为本身的外在表现具有模糊性，这使得准确地测量沉默行为具有一定的困难性和挑战性（Van Dyne et al.，2003）。虽然以往的相关学者基于不同的研究目的，开发了不同的沉默行为测量题目，但迄今为止，尚未有针对沉默行为的成熟通用量表。以下总结了一些公开发表过的员工沉默行为测量题目。

1. Van Dyne 等（2003）的测量题目

Van Dyne 等（2003）根据沉默行为的动机界定了三种不同类型的员工沉默，基于此编写了相应的测量题目，共 15 个题目，每种类型的沉默行为各 5 题。其中，默许性沉默的测量题目包括“出于对组织的顺从，从而保留自己的意见”“不相信自己能带来改变，因此保留有助于组织发展的建议”等；防御性沉默的测量题目包括“由于害怕而刻意隐瞒相关的工作信息”“出于自我保护的考虑，避免发表有助于组织发展的建议”等；亲社会性沉默的测量题目包括“出于对组织利益的考虑，保护组织的私密信息”“拒绝泄露对组织有害的信息”等。这些测量题目是最早针对员工沉默行为开发的题目，但是并没有得到后续研究的广泛采用，其信效度还有待进一步的实证检验。

2. Tangirala 和 Ramanujam（2008）的测量题目

为了测量医院护士的沉默行为，Tangirala 和 Ramanujam（2008）在 Van Dyne 等（2003）测量题目的基础上，根据医院护理的情境，编写了包含 5 个题目的量表。被调查者需要填写自己在多大程度上压抑和隐瞒了有关病人安全的想法和信息。具体题目包括“在工作团队中，我选择用沉默的方式去关心病人的安全状况”“在工作团队中，即使知道怎样可以改善病护安全方面的工作，我也不会主动去说”“在工作团队中，即使在工作中发现了潜在的病护安全问题，我也不会向别人说”“在工作团队中，即使了解到一些可以避免事故发生的信息，我也不会主动去说”“在工作团队中，即使想了解更多的病护安全信息，我也不会去主动询问”。一些后续的实证研究（如 Mao et al.，2012）在使用这 5 个测量题目时进行了表述上的修改，以便其适用于更广泛的情境中。

3. 郑晓涛等（2008）的测量题目

郑晓涛等（2008）基于对中国组织中的员工访谈，提出了中国员工沉默行为的三维结构，并据此编制了中国情境下的员工沉默行为量表。该量表的三个维度反映了员工沉默行为的不同动机，共 12 个题目，每个维度各 4 个题目。被调查者需要根据最近一年的工作经历，回答自己在多大程度上基于某个原因而选择保持沉默。其中，默许沉默的题目包括“领导基本已经决定了，自己的意见不会起太多作用”“我的建议不会影响现行的状况”“领导采纳我建议的可能性很小”“领导不会更改一些决定，说了没有很大的意义”；漠视沉默的题目包括“可能影响同事间的人际关系，对于他人工作中的欠缺和疏忽选择沉默”“还是收敛一下，不要提出我的看法，以免成为众矢之的”“没有必要得罪领导和同事”“我和大家关系都不错，碍于面子，还是不要提意见”；防御沉默的题目包括“别人的事情和我没关系，没必要讲”“我对企业的事情不关心，无所谓”“采用中庸之道，不多说也就没有太多责任”“我和企业感情不深，没必要说”。该量表基于中国组织情境开发，被一些针对中国员工沉默行为的研究采用（如何轩，2010）。

4. Detert 和 Edmondson（2011）的测量题目

不难发现，以往学者编制的员工沉默行为测量题目大多都蕴含了沉默的动机，即将员工“由于”什么原因而选择沉默直接表述出来(如 Van Dyne et al.，2003；郑晓涛等，2008)。虽然这样的测量题目可以清楚地反映出员工沉默行为的不同动机，但却存在一个潜在的问题：测量结果反映的是员工的沉默行为动机，而非沉默行为本身的水平。因此，将这样的量表应用于探索沉默行为前因变量的研究是不合适的。为了避免行为表现和行为动机之间的混淆，Detert 和 Edmondson（2011）编制了 5 个题目的员工沉默行为量表，专门用来测量员工的沉默行为自身的水平。具体题目为“即使我知道如何去完善公司的工作政策，我也不会和领导说”“即使我知道如何开发新产品或提高服务质量，我也不和别人说”“即使我知道领导和下属的沟通方式存在问题，我也不会提出来”“在讨论日常工作问题的会议上，我通常保持沉默”“即使我知道如何提升公司的形象，我也不会去说”。

2.1.4 员工沉默行为的前因变量

长期以来，学者们对于员工沉默行为的内在动机都持有着强烈的研究兴趣。为什么员工明知道一些有助于改善工作的建议或者防止组织问题发生的信息，却故意向有能力改变这种状况的人（一般是组织中的管理者）隐瞒信息呢？

一些学者从进化论的角度解释了个体为什么倾向于保持沉默。例如，沉默效应（mum effect；Rosen & Tesser，1970）的提出者认为，由于传递坏消息会引起强烈的不适感，个体往往不愿意去传播负面的信息。于是，他们将个体的沉默选择视为人类在进化过程中为避免不适感而形成的一种本能反应。这一推论在 Milliken 等（2003）的质化研究中得到了一定程度的验证。Milliken 等（2003）发现，向上级报告组织存在的问题，确实会让员工感到不舒服。大多数接受访谈的员工坦言，即便是必须要与上级进行沟通，自己也只会去说一些与工作内容直接相关的状况，而不会提及较为负面的组织问题。这些所谓的负面组织问题包括：同事或上级的能力或绩效、组织流程中的问题、薪酬公平问题、对组织政策和决策的不满、个体职业发展问题、道德或公平问题、侵犯或辱虐行为、与同事的冲突等（Milliken et al.，2003）。

类似地，Kish - Gephart 等（2009）指出人类在求得生存的进化历程中，对某些事物具有天生的畏惧（prepared fear）。这些事物不仅包括黑暗、蛇、蜘蛛等自然现象和生物，还包括高权力地位等人类社会符号。这是由于在人类漫长而艰难的生存和发展过程中，高权力地位的人通常拥有更好的资源和更强的势力，如果低权力地位的人想要去挑战高权力地位的人，最终结果很可能是受伤甚至死亡。于是早在人类进化过程中，这种对于高地位权力的人的服从和畏惧就深深地植根于个体的认知观念中（Kish - Gephart et al.，2009；Milgram，1974）。因此，时至今日，即便是谈论一些毫无威胁的内容，向高权力地位的人发表意见也仍会让员工觉得自己不是在报告问题和提供建议，而是在挑战权威（Milliken et al.，2003）。

虽然每个人都有保持沉默的进化原动力，但是很多研究表明，个体的沉默行为也会受到不同因素的影响。基于以往的相关研究，以下就个人因素、组织因素和领导因素三个方面对员工沉默行为的前因变量进行梳理。

1. 个人因素

（1）人口统计学特征

性别会影响沉默行为。在工作场所中，遭到他人（特别是同事）的人际不良对待（interpersonal mistreatment）时，女性员工更可能会在组织中倾诉自己的遭遇，希望以此来解决问题。相比之下，男性员工则更容易选择用沉默的方式去对待（Harlos，2010）。

组织工作年限也会影响员工的沉默倾向。在 Milliken 等（2003）的访谈中，有 32.5% 的员工表示，相对于更年长和更有经验的员工，自己的工作年限短、经验少，更担心发表言论会为自己带来负面的影响，因此经常选择保持沉默。

此外，组织中的权力差异是员工沉默的重要影响因素（Morrison & Rothman，2009）。相对于高权力地位的人，低权力地位的人更不愿意去发表自己的观点和意见（Harlos，2010；Milliken et al.，2003）。这是由于权力直接影响着人们对于信息、资源、机会的掌控能力，并进一步塑造人与人之间的依赖和需求关系。组织权力差异的存在一方面会让低地位者觉得发表意见是没用和危险的，抑制信息输出；另一方面也会增加高地位者的优越感，认为自己所拥有的信息和观点更为高级，压制信息接纳（Morrison & Rothman，2009；Pinder & Harlos，2001）。

（2）人格特征

自尊、控制点、沟通顾虑、自我监控等人格特征会影响员工的沉默行为。自尊（self－esteem）是个体对于自我的评价和接纳程度。相对于高自尊的员工，低自尊的员工对自我能力缺乏信心，注重自我保护，他们通常并不会觉得自己能够为组织或同伴带来多大的价值，因此更不愿意发表自己的意见或建议（Pinder & Harlos，2001）。同样地，在遭遇他人（特别是领导）的不公平对待时，低自尊的员工也更不意愿将自己的遭遇说出来（Harlos，2010）。

控制点（locus of control）反映了个体的归因倾向，内控型的人（internals）认为自己能够掌握自身命运，而外控型的人（externals）则认为事物的发展受到命运、机遇或他人的影响，自己很难把控。因此，相对于外控型的员工来说，内控型的员工更容易认为自己可以掌控和影响工作环境，从而更可能在组织中表达自己的想法（Pinder & Harlos, 2001）。此外，Pinder 和 Harlos（2001）也进一步提出，沟通顾虑（communicative apprehension）较高的员工在人际沟通过程中持有较高的焦虑感，更倾向于保持沉默。

有趣的是，Premeaux 和 Bedeian（2003）发现，人格变量与沉默行为之间的关系并非像看起来的那么简单，而是会受到个体自我监控（self-monitoring）的调节。自我监控是指人们在多大程度上可以根据外部环境来审视、调整和控制自己的行为表现。不同自我监控的人对于情境信息的敏感程度是不一样的，高自我调控的人能够更好地观察外部信息，并适时调整自己的行为表现，从而塑造良好的公共形象。相反，低自我监控的人较不善于根据外部环境来调整和掩饰自己，他们的行为表现在很大程度上会真实地反映自身内部的态度和情绪。

Premeaux 和 Bedeian（2003）的研究结果表明，自我监控会调节自尊与沉默行为之间的关系。当自我监控水平较低时，低自尊的人（相对于高自尊的人）确实会出于规避风险的目的而避免去发表意见。然而，当自我监控水平较高时，低自尊的人反而会出于自我保护的考虑，尽力使自己的表现与他人（特别是领导）保持一致，如通过表达对领导的赞同来获得更多的社会支持。同样地，自我监控也会调节控制点与沉默行为之间的关系。当自我监控水平较低时，内控型的人（相对于外控型的人）由于相信自己能够控制事态的进展，更可能打破沉默。然而，当自我监控水平较高时，即使相信自己能够通过发表意见而改善环境，内控型的人也仍会注重调整自己的行为表现以符合公众期望，不会随意发表不合时宜的言论。

（3）内隐理论

Milliken 等（2003）指出，在员工决定是否要保持沉默之前，都会在脑海中浮现出一张“认知地图”（cognitive map）。这张“认知地图”可以帮助员工思考在组织中什么是可以说的、什么是不能说的，如果说了会出现什么样的结果等，从而指导员工的行为决策。实际上，所谓的“认知地图”本质上是个体持有的内隐理论（implicit theory），它是一种知识结构，包含了若干“如果……那么……”的假设。内隐理论可以让个体基于一系列的预计，推断在某个特定情境下自己的行为可能导致的结果，从而指导个体的日常行为（Ross，1989）。在最近的员工沉默行为研究中，Detert 和 Edmondson（2011）明确地提出了内隐建言理论（implicit voice theory），这一构念直接反映了员工觉得发表意见或建议的可能后果，能够很好地解释为什么员工会想当然地认为建言是一种冒险行为。在两项质性研究中，Milliken 等（2003）、Detert 和 Edmondson（2011）探讨了个体自我保护性内隐建言理论（self – protective implicit voice theory）的具体内涵。

具体地，Milliken 等（2003）采访了来自各行各业的 40 名全职员工，总结了员工认为发表意见可能招致的五种风险：第一，发表意见可能会让自己在领导或同事心目中留下不好的印象（negative label），不仅不会让别人觉得自己是要帮忙解决问题，反而容易显得自己很麻烦（troublemaker）或者很喜欢抱怨（complainer）。一旦被贴上这样的负面标签，自己以后的组织交往与社会资本势必会受到影响；第二，发表意见可能会破坏自己在组织中的人际关系，从而失去他人的信任和尊重，使自己在今后的工作中难以获得别人的接纳、支持和合作，降低工作有效性；第三，发表意见可能是吃力不讨好的事情，即便是向领导说了，领导也不见得会做出积极的反馈，并不会带来什么实质性的改变；第四，发表意见可能会让自己遭受领导或同事的报复或惩罚，影响工作的稳定性或者晋升空间；第五，自己的言论有可能对别人造成不好的影响，引起他人的尴尬和不舒服，甚至会为他人带来麻烦。当然，不同员工对上述风险的担心不尽相同，Milliken 等（2003）还从个体特征、组织特征和领导关系三个方面，进一步总结了员工建言预期的影响因素（见图 2－2）。

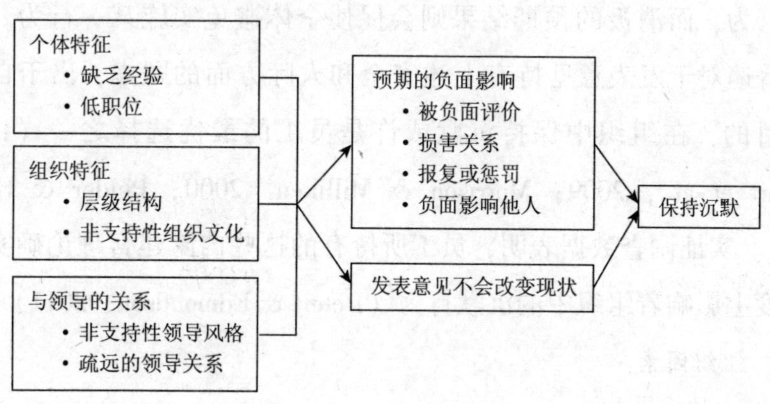

图 2－2 员工建言预期的影响因素

资料来源：Milliken 等（2003）.

类似地，Detert 和 Edmondson（2011）根据访谈结果也总结出员工所持有的五类内隐建言观念，分别是“建言是对管理者的不认同”“没有足够的证据和想法不要建言”“不要越级上报”“不要在公开场合让领导尴尬”“建言会影响职业发展”。其中，“建言是对管理者的不认同”是指由于管理层级的差异，员工们认为自己的建言是对领导所负责项目的一种反对和不认同，因此向领导建言是不安全的；“没有足够的证据和想法不要建言”是指员工会认为只有在自己拥有可靠的数据、完全想好了意见和办法之后，建言行为才是安全的；“不要越级上报”

是指不要在自己领导的上级面前去挑战、质疑领导，否则会招致不良后果；“不要在公开场合让领导尴尬”是指员工认为当着团队其他成员的面不要去发表意见让领导尴尬；“建言会影响职业发展”是指建言可能会引起领导的报复行为，从而威胁到自己的职业生涯。Detert 和 Edmondson（2011）认为，很可能在进入当前组织之前，员工的这样一些有关建言的内隐理论就已经形成了。

根据期望理论（Vroom，1964），积极的预期结果会促使个体实施某一行为，而消极的预期结果则会促使个体避免实施某一行为。由于员工普遍对于发表意见持有上述安全和人际方面的顾虑，出于自我保护的目的，在组织中保持沉默或许是员工的最优选择之一（Kish-Gephart et al.，2009；Morrison & Milliken，2000；Pinder & Harlos，2001）。实证调查数据表明，员工所持有的这些内隐建言理论确实在很大程度上影响着组织中的沉默行为（Detert & Edmondson，2011）。

2. 组织因素

（1）组织机制

决策制度和反馈机制是影响员工沉默行为的两个重要的组织因素。就决策制度而言，如果在一个组织中，决策制定权力集中在少数几个人手中，并且缺少正式的机制来了解员工的建议和不满，那么员工就很难有机会去发表自己的言论（Morrison & Milliken，2000）。实证研究表明，组织提供的建言机会与团队层次的员工沉默行为具有显著的负相关关系（Vakola & Bouradas，2005），组织支持感与个体层次的员工沉默行为具有显著的负相关关系（李超平，鲍春梅，2011）。

就组织的反馈机制而言，如果组织缺乏对员工意见的引导和疏通，甚至压制员工的意见或建议，则让员工觉得自己不受欢迎或不被重视，自己表达意见或建议像是对牛弹琴、向聋子说话（deaf ear syndrome），从而选择保持沉默（Milliken et al.，2003；Pinder & Harlos，2001）。

（2）团队氛围

组织或团队的氛围也是影响员工保持沉默的重要原因。首先，团队的程序公平氛围会影响员工沉默行为（Tangirala & Ramanujam，2008）。团队程序公平氛围是指团队成员对团队程序是否公平的一个共同认知。在程序公平氛围较强的团队中，员工会觉得自己受到尊重，认为组织希望自己积极参与到决策中。而在程序公平氛围较低的团队中，员工则会认为发表言论可能会为自己乃至其他成员带来风险和伤害（Edmondson，2003）。以医院的护士团队为样本，基于30个团队的跨层次研究结果表明，只有当团队程序公平感知较高的时候，团队认同感和职业承诺才会有助于减少员工的沉默行为（Tangirala & Ramanujam，2008）。此外，一些学者还检验了分配公平与员工沉默行为的关系，以中国员工为样本的研究表明，分配公平感越高，员工反而越倾向于保持沉默（何轩，2010）。

团队的沉默氛围也会影响员工的沉默行为。特别地，研究者提出了员工沉默的螺旋效应（spiral of silence），认为团队其他成员的意见会影响员工的沉默行为（Bowen & Blackmon，2003）。Bowen 和 Blackmon（2003）以同性恋员工作为少数人的代表，发现员工是否会去表达意见，在很大程度上取决于他们对于主流观点的感知。当员工发现自己的观点并不是主流观点时，他们更倾向于保持沉默，从而避免可能的社会孤立，特别是被一些权力较大的成员孤立。即便是员工不太确定自己是否同意主流观点时，他们也会倾向于保留自己的看法，去顺应主流观点。这样一来，多数人的观点会越来越普及，少数人则越来越不愿意去表达自己的观点。随着时间的推移，大众的观点会越来越得到支持从而成为主导，小众的观点则会慢慢减少甚至消失（Bowen & Blackmon，2003）。

此外，一些研究者还从社会学习的角度解释了团队氛围对于员工沉默行为的影响（Morrison & Milliken，2000）。一方面，沉默行为是一种从众的表现。大多数人的社会学习都是间接性的，人们往往很容易相信别人所相信的事情，也更愿意根据观察或听说的他人经历来调整自己的行为（Bandura，1971）。这种基于他人经历的学习效果甚至会大于自己亲身经历学习的效果。例如，如果周围的同事都认为发表意见是有风险的，那么即使一个员工曾经因为发表自己的意见而获得过积极的反馈，他也更可能倾向于认同大众的判断，而不会再去做亲身的尝试（Morrison & Milliken，2000）。在 Milliken 等（2003）的访谈中，74%的员工都提到，自己之所以不愿意去发表意见，是因为周围的同事其实都知道组织存在的问题，但大家都没有去说。另一方面，沉默行为也是一种社会化的表现。例如，当员工（特别是新员工）进入组织和团队工作时，会自觉地通过观察和效仿周围的同事，来学习既有的游戏规则：在什么情况下，什么事情是不该说的（Milliken et al.，2003），以此来避免自己被孤立或损害社会资本。因此，基于社会学习理论，在沉默氛围较强的组织中，员工会更加压抑和隐藏自己的想法（Morrison & Milliken，2000）。

3. 领导因素

（1）领导开放性

无论是指向个人还是指向事件的负面信息，都会给个体带来威胁感。管理者在多大程度上能够接受负面信息所带来的自我威胁，会直接影响管理者对外部信息的接收程度，进而影响员工的沉默行为（Morrison & Milliken，2000）。研究表明，直接领导的开放性与个体层次或团队层次的员工沉默行为都具有显著的负相关关系（Premeaux & Bedeian，2003；Vakola & Bouradas，2005）。

（2）领导支持

如果领导不鼓励自下而上的交流，那么员工则不太可能愿意发表自己的意见。Edmondson（2003）针对跨学科团队学习的定性研究表明，当领导向员工明确表达自己对于变革的倾向，并且鼓励员工提供新想法时，团队成员的心理安全感和舒适感会更高，更愿意放下顾虑去大胆讲出自己的意见，从而有利于团队成员的相互学习。Piderit 和 Ashford（2003）也认为，只有当组织营造出支持性的氛围时，女性管理者才可能公开地去讨论性别平等的问题。以中国员工为样本的研究表明，上司支持感会提升员工对领导的信任和心理安全感，从而有助于员工打破沉默（李锐，凌文辁，2010）。此外，员工对于领导的信任与沉默行为呈负相关关系（Premeaux & Bedeian，2003；郑晓涛等，2008）。

（3）领导内隐理论

在探讨组织中集体沉默现象的形成原因时，Morrison 和 Milliken（2000）指出，组织中管理者持有的一些内隐理论是值得关注的重要影响因素。例如，一些管理者在工作中秉持 X 理论（theory X），他们认为员工是自我利益导向的、不值得信任的，因此员工的言论也是利己的、不值得去关注的；又如，一些管理者会认为，在组织运营过程中，管理者可以比员工了解更多的重要信息，因而比员工更懂得怎么样去做最好的决定；再如，一些管理者将意见一致视为组织健康的表现，认为组织中应该尽量避免不同的声音和意见的分歧。面对持有这样一些内隐理论的管理者，员工会倾向于选择保持沉默。

当然，并不是所有的管理者都持有类似的内隐理论。实际上，管理者的内隐理论与很多因素有关。在一个组织中，高层管理团队的成员如果经济背景越相似、工作年限越长、与基层员工的相似性越低、持有高权力距离和集体主义的文化价值观，则越容易持有上述的内隐理论。此外，这样一些管理者内隐理论也会更多地出现在成本导向、所在产业较为成熟、非正式职工较多的组织中（Milliken & Lam，2009；Morrison & Milliken，2000）。

2.1.5 员工沉默行为的影响结果

1. 组织方面的影响

员工是工作进度的推动者，掌握着组织运作过程中最基础和最具体的信息，是工作流程问题的最直接发现者。因此，如果员工有意隐瞒自己所了解的信息和产生的想法，就会为组织带来多方面的负面影响。

（1）组织多元发展

不同员工在信仰、价值观、知识结构、工作经历等方面具有不同的特点。因此，来自员工的声音可以增强工作场所的信息多样性，为现代组织的创新和发展带来积极的影响。相反，组织中员工对于自己所掌握知识、信息、想法的刻意隐瞒，则会严重损伤团队的创新能力，阻碍组织的多元化发展（Milliken & Lam，2009；Morrison & Milliken，2000）。

（2）组织决策能力

员工的沉默行为会阻碍管理者及时获取组织中日常工作的内容和流程的关键信息。依靠有限和有偏的信息，管理者难以根据实际的工作情况做出最优的决策，可能会导致组织错失主动变革的时机（Milliken et al.，2003；Tangirala & Ramanujam，2008；Van Dyne et al.，2003）。

（3）组织纠错能力

员工对组织和工作相关问题的刻意隐瞒，会让组织缺乏负面信息的内部反馈，使得一些不合法、不道德的举动难以得到及时的消除，一些不公平、不文明的行为难以得到及时纠正（Cortina & Magley，2003；Detert & Edmondson，2011）。长期下来，员工沉默行为甚至会助长不良的组织风气（如腐败），最终酿成更大的灾难（Tangirala & Ramanujam，2008）。事实上，很多企业失败的原因之一就在于员工没能够在最初的时候将问题及时反映给高层管理者（Morrison，2011）。因此，员工的沉默行为会损害组织及时侦查和纠正错误的能力，使最初的小问题逐渐演变成大问题（Morrison & Milliken，2000）。

（4）组织学习能力

员工愿意就关键的工作内容向领导和成员提供自己的想法和观点，是成功的团队学习的重要特点（Edmondson，2003）。因此，员工的沉默行为会损害组织中的信息交流与分享，进而对整个团队的共同学习和成长产生极大的不良影响（Milliken & Lam，2009）。

2. 员工方面的影响

沉默行为也会对员工自身的认知、态度、行为带来负面的影响，这种影响甚至会波及团队中的其他成员。

（1）员工认知

如果明明了解一些应该向管理者汇报的情况（如发现了组织的问题、找到了改进工作的办法），却不得不选择压抑关键的信息，员工会经历强烈的认知失调，引起焦虑和悲伤的情绪，造成巨大的压力和身心的疏离（Cortina & Magley，2003；Morrison & Milliken，2000）。

(2) 员工态度

无论是员工本人还是其他成员的沉默行为，都会让员工觉得自己在组织中不受重视。这种难以掌握自己的工作和环境，不能与组织成员深入交流的感觉，会极大地降低员工的工作动机和满意感，增加离职率（Morrison & Milliken，2000）。实证研究表明，员工的沉默行为确实会带来工作不满意、低水平的组织承诺和幸福感（Cortina & Magley，2003；Vakola & Bouradas，2005）。

(3) 员工行为

如果员工发现自己不能通过发表意见等建设性的方法来控制自己的工作，则他们可能会试图通过反生产行为、越轨行为等破坏性方法来证明自己对工作的控制（Ashforth & Lee，1990；Morrison & Milliken，2000）。

(4) 其他成员

除对员工本身的影响之外，员工的沉默行为也会影响到团队中的其他成员。例如，当某个团队成员遭到不公平对待的时候，如果周围的员工选择袖手旁观、保持沉默，不去提供必要的言语支持，那么这个遭受不公平对待成员的幸福感便会受到最严重的威胁（Milliken et al.，2003；Morrison，2011）。

当然，任何事情都有两面性。一些学者指出，员工的沉默行为也不是毫无益处的。虽然故意隐瞒关键的组织和工作信息会产生很多不良的影响，但在某些情况下，员工沉默行为会避免管理信息的过载，减少管理者在决策过程的负担，也有助于减少人际冲突，增强信息的保密性等（Van Dyne et al.，2003）。

2.1.6 小结

本节从概念界定、分类方式、测量工具、前因变量和影响后果5个方面对员工沉默行为的理论文献和实证研究进行了梳理和总结。图 2-3 更清晰地呈现了员工沉默行为的现有研究脉络。

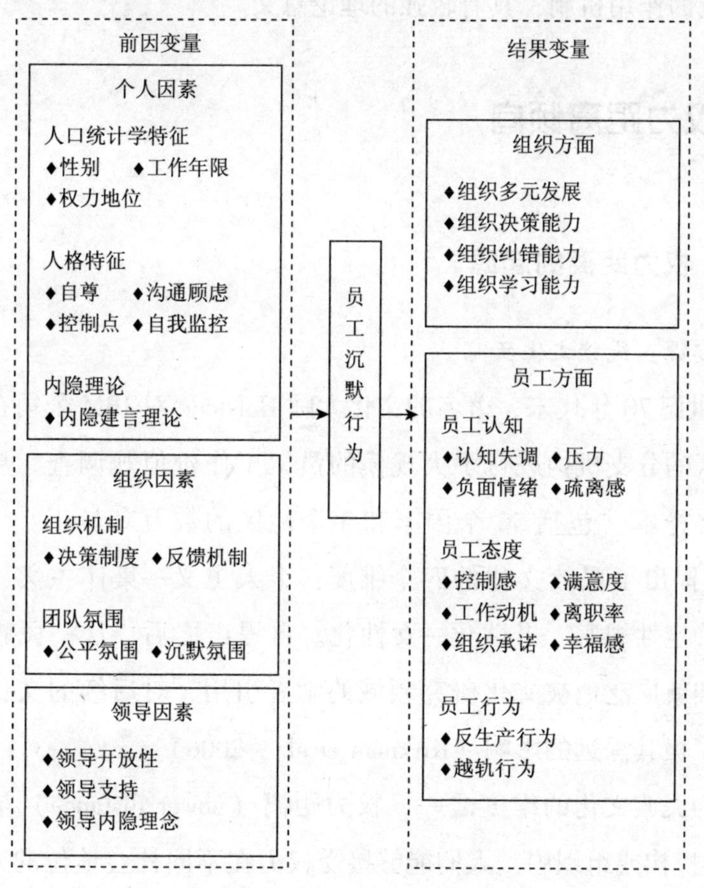

图 2-3　员工沉默行为的前因变量和影响结果

首先，通过回顾员工沉默行为的定义、与相关构念的区别、分类方式，本研究将员工沉默行为界定为员工对直接领导故意隐瞒能够改善工作或组织状况的重要想法、建议、问题等信息的行为。其次，对沉默行为测量题目的回顾为本研究选择合适的测量工具提供了理论的依据。最后，通过归纳员工沉默行为的前因变量和影响结果，本研究发现，虽然领导会深刻地影响员工的行为，但现有的研究还没能深入地探讨领导对员工沉默行为的影响及其作用机制。本研究关注员工沉默行为的领导方面影响因素，并且通过一个有调节的中介模型检验了这一影响的作用机制，具有较强的理论意义。

2.2 权力距离倾向

2.2.1 权力距离的起源

1. 起源：民族文化研究

20 世纪 70 年代末，著名的文化大师 Hofstede 对 IBM 公司在多个国家和地区的分支机构进行了大规模的员工工作价值观调查。基于该调查的最终样本（包括 50 个国家和 3 个地区的数万名员工），Hofstede (1980) 提出了民族文化的四个维度：个人主义—集体主义、权力距离、不确定性规避、男性化—女性化。自提出之后，这一民族文化的理论框架就广泛地被文化研究领域的学者引用，对后续的文化理论发展产生了极其深远的影响（Kirkman et al.，2006）。

作为民族文化的维度之一，权力距离（power distance）被定义为“在一个机构或组织中，人们能够接受权力在不同社会地位的人之间不平等分配的程度”（Hofstede，1980：45）。在高权力距离的民族文化下，人们对于权力不平等分配的接纳和容忍程度较高，不同社会地位的人在决策制定方面的权力差异非常大。相反，在低权力距离的民族文化下，人们更加追求权力在地位不同的人之间的平等分配，相对而言，决策制定权力的差异受社会地位的影响更小。

为了更好地衡量不同国家和地区的权力距离水平，即权力距离指数（Power Distance Index，PDI），Hofstede（1980）在对员工的调查中放入了三类问题。第一类问题需要员工回答自己在与上级发生冲突时的害怕和恐惧程度，第二类问题需要员工回答自己现任上级的决策方式属于哪种类型，这两类问题都要求被调查者根据自己实际的日常工作状态和情况来进行判断。第三类问题需要员工回答自己所喜欢的工作方式和工作环境。调查发现，在一些民族文化下，员工并不是非常害怕在工作中与上级发生冲突，他们的上级通常不会采取独裁专制的领导和决策方式，员工更喜欢协商型的工作互动和决策风格。这样的民族文化即低权力距离的文化，典型的低权力距离文化国家包括奥地利、丹麦、英国等。Hofstede（1980）同时发现，在另一些民族文化下，员工非常害怕与自己的上级持有相悖的工作意见，他们的上级通常都是独裁型或者家长式的领导，员工一般也更喜欢和习惯这种独裁型或家长式的领导方式。这样的民族文化即高权力距离的文化，典型的高权力距离文化国家包括菲律宾、墨西哥、中国等。

2. 民族文化的形成

Hofstede（1980，1991）认为，在不同的民族文化下，人们权力距离价值观的差异主要源于生活环境和工作环境的影响，而家庭、学校和工作场所正是塑造权力距离价值观的三个重要场所。

家庭是人们价值观最初形成的地方，因为每个人从一出生开始就受到父母和长辈的影响。在权力距离高的文化中，孩子从小就被教育要尊重和服从父母以及年长的人。这种对父母和长辈的尊重和服从被视为基本的美德，并且始终贯穿于一个人的生命中。相反，在权力距离低的文化中，孩子一旦具有行为能力就会受到父母更加平等的对待，孩子可以和父母争论甚至反驳父母，人与人之间相处的方式并不取决于年龄或者地位。

随着孩子的不断成长，学校的教育环境代替了家庭环境的影响，成为权力距离价值观新的灌输途径。在权力距离高的民族文化中，师生关系的不平等延续了家庭关系的不平等。学生对教师非常尊敬，并且这种尊敬不仅仅限于课堂。教师始终主导着师生之间的交流，学生只有在得到批准之后，才能在课堂上起立发言，而教师从来不会当众受到反驳或挑战。在学校中，教师传播个人智慧，以至于教师在一些高等教育中甚至被尊为"大师"。这也使得在高权力距离的文化下，学生对教师的依赖性特别强。相反，在权力距离低的民族文化中，师生之间的关系更为平等。学生尊重教师，但在课堂之外却不会对教师表达格外的尊敬之情。教师的教学过程以学生为中心，互动性更强。学生在课堂上可以并且被鼓励去自由地发言和提问，甚至与教师进行争论。在学校里，教师传授的是真理而非一家之言。这也使得在低权力距离的文化下，学生在学习过程中会越来越独立于教师。

进入工作领域之后，上下级关系在很大程度上延续并取代了从前的家庭关系和师生关系。在权力距离高的民族文化中，等级制度和官僚格局让人们不得不承认，上下级之间从来就是不平等的。组织中的大部分权力都集中在少数人的手中。上级能够享受极大的特权，并拥有独特的身份象征（如更好的专车和更大的办公室），上下级的收入差距非常大。高权力距离的文化也使得下级对上级有很强的依赖性，人们理所当然地认为，下级应该按照上级的指示做事。人们理想的上级是仁慈的独裁者或家长式的领导。即便有人可能对上级心存不满，在行动上也仍然表现得非常服从。在这种情况下，上下级之间的情感距离很大，下级通常不愿意去接近或者直接反驳他们的上级。相反，在权力距离低的民族文化中，上下级都会认为彼此是天生平等的。组织中的权力相当分散，上级并没有过多的特权和资源，上下级之间的收入差别相对较小。在低权力距离的文化下，下级对上级的依赖性较小。

人们理想的上级是开明和聪慧的，并且在做决策之前应足够重视下属的意见。在这种情况下，上下级之间的情感距离相对较小，下级会愿意去接近并敢于反驳他们的上级。

2.2.2 权力距离倾向的定义

虽然 Hofstede（1980）提出的文化框架起源于民族文化的层次，但越来越多的研究者发现，文化价值观的差异不仅反映在不同的国家和地区之间，也体现在同一个社会中不同的个体之间。因此，宏观的文化表征在个体层次也有相对应的指代，民族层次的文化维度也同样适用于个体层次的研究分析（Clugston，Howell，& Dorfman，2000；Triandis，1995）。例如，近年来，很多学者都开始关注心理集体主义（psychological collectivism）这一反映个体层次的个人主义—集体主义文化价值倾向的构念（Jackson，Colquitt，Wesson，& Zapata - Phelan，2006；Triandis，1995）。

同样地，虽然权力距离起源于民族文化的层次，但很多学者发现，即使在同一个社会中，不同个体之间的权力距离文化价值观也有很大的差异（Clugston et al.，2000；Kirkman & Shapiro，2001）。近年来，越来越多的学者将权力距离作为一个多层次的构念，应用到个体层次的研究中，并将个体层次的权力距离价值观（即权力距离倾向）定义为个体对权力在地位不同的人之间不平等分配的期望和接受程度（Clugston et al.，2000；Dorfman & Howell，1988；Kirkman et al.，2009）。

权力距离倾向在很大程度上反映了个体对权威的感知和反应倾向。权力距离倾向较高的个体认为，人与人之间的地位差异是与生俱来的，他们更容易将组织中上下级之间的权力差异合理化。因此，高权力距离倾向的员工会更加尊重层级、服从权威和遵守规则。他们更愿意承认上级的优越性，依赖于上级的指令，很少会去主动质疑组织中较高地位人群的意见。相反，权力距离倾向较低的个体认为，权力应该被平等地进行分配，每个人都应该享受平等权和话语权。他们喜欢被平等地对待，愿意提出自己的见解和建议，甚至更有可能去质疑组织中较高地位人群的意见（Kirkman et al.，2009；Yang et al.，2007）。

2.2.3 权力距离倾向的测量

1. Hofstede（1984）的权力距离量表

Hofstede（1984）最早使用了三个题目来测量民族文化中的权力距离维度。这三个题目分别为“权力地位高的人应该在别人面前显得不要那么有权力”（反向计分），“下属应该将领导视为与自己不同的人群”，“他人对于一个人的权力具有潜在威胁，不能去信任”。该量表最初被用来测量民族文化层次的价值观，然而在一些后续的研究中，很多学者（如 Erez & Earley，1987）也将该量表用于测量个体层次的文化价值倾向，并且信度和效度良好。

2. Dorfman 和 Howell（1988）的权力距离倾向量表

为了更好地测量个体层次的权力距离倾向，Dorfman 和 Howell（1988）根据 Hofstede（1980）的民族文化框架编制了 6 个题目的权力距离倾向量表。该量表用来测量个体可接受的上下级关系的不平等程度。具体题目包括“在多数情况下，领导做决策不必征求下属的意见”“在和下属打交道时，领导有必要经常运用自己的职权”“领导应该尽量少询问员工的意见”“领导应该尽量避免与员工进行工作之外的来往”“员工不应该反对管理层的决策”“领导不应该将重要的工作授权给员工”。该量表成为迄今为止最常用的个体权力距离倾向量表之一，其信效度在后续的研究中得到了进一步的验证（如 Clugston et al.，

2000；Farh，Hackett，& Liang，2007）。

3. Earley 和 Erez（1997）的权力距离倾向量表

Earley 和 Erez（1997）开发了 8 个题目的个体权力距离倾向量表。具体题目包括“在大多数情况下，领导做决策不必征求下属意见”“在工作问题上，领导有权要求下属服从”“经常挑战权威的员工会影响领导的工作效率”“一旦高层领导做了决策，员工就不应该再质疑”“员工不应该与领导产生意见分歧”“领导应该有能力在不咨询别人的情况下做出正确决定”“让员工参与决策的领导会失去威信”“公司的规章制度不应该被打破”。该量表也被后续的研究广泛采用，信效度得到了进一步的检验（如 Brockner et al.，2001；Kirkman et al.，2009）。

4. 其他一些权力距离倾向量表

由于 Dorfman 和 Howell（1988）的权力距离倾向量表与 Earley 和 Erez（1997）的权力距离倾向量表是专门针对个体层次的测量而开发的，具有较好的信效度，因此后续有关个体权力距离倾向的研究大多都会采用这两个量表的其中之一。实际上，还有一些权力距离量表也被用于测量个体层次的文化价值倾向。例如，一些研究采用了 Robertson 和 Hoffman（2000）的 5 个题目权力距离倾向量表（如 Hwang & Francesco，2010），一些研究从 Hofstede（1980）的调查问卷中摘取了若干题目来对个体权力距离倾向进行测量（如 Lee，Pillutla，& Law，2000），还有一些学者根据研究需要，自行设计了个体权力距离倾向的量表（如 Brockner et al.，2001）。

2.2.4 权力距离倾向的影响

研究发现，权力距离文化价值观与很多组织管理现象相联系。Tsui

等（2007）回顾了发表于16个国际期刊的93篇文章，发现权力距离文化价值观无论是对于个人指向的结果变量（如道德倾向、工作行为、认知、幸福感、动机、领导力），还是对于人际指向的结果变量（如程序或分配公平、谈判、冲突管理、合作或信任、团队过程），都具有重要的影响。

由于本研究关注领导的权力距离倾向这一个体层次的变量，因此，以下文献梳理的重点是有关个人权力距离倾向影响的个体层次研究，而非有关权力距离这一民族文化维度影响的跨文化研究。

此外，以往的学者们（如 Kirkman et al.，2006；Tsui et al.，2007）通常将文化价值观的相关研究分为两类：一些研究将文化价值观作为自变量，主要探讨其主效应，这样的研究属于第一类研究（Type Ⅰ）；另一些研究将文化价值观作为调节变量，主要探讨文化价值观对于其他变量之间关系的调节效应，这样的研究属于第二类研究（Type Ⅱ）。按照这样的思路，下文将个体权力距离倾向的相关研究分为主效应研究和调节效应研究两大类，并进一步根据结果变量的类型对主效应研究进行梳理，根据交互变量的类型对调节效应研究进行回顾。

1. 权力距离倾向的主效应

总的来看，检验个体权力距离倾向主效应的研究数量不多。下文总结了权力距离倾向对于个体的信息寻求行为、组织承诺与满意度、冲突处理方式、领导方式期望的影响。

（1）信息寻求行为

权力距离倾向会影响个体的信息寻求意愿。在高等教育的相关研究中，学者们发现，权力距离倾向会影响学生对于学业反馈信息的寻求（Hwang & Francesco，2010）。权力距离倾向较高的个体倾向于认为，大学教授具有丰富的知识，在课堂教学中具有权威的高地位。这些高地位的教授很可能不愿意去和低地位的人分享和传递信息，也更难以让人接近。因此，不管是面对面的对话交流，还是通过电子化的信息询问方式，寻求反馈信息都会让权力距离倾向较高的个体感到羞涩和不舒服。类似地，在工作场所中，权力距离倾向也会影响新员工的反馈信息寻求行为。研究发现，受低权力距离文化价值观影响的美国新员工在入职之后会更多地寻求反馈信息，而受高权力距离文化价值观影响的中国香港新员工则相对保守，在入职之后更少去寻求反馈信息（Morrison，Chen，& Salgado，2004）。

权力距离倾向还会影响员工寻求反馈信息的策略和对象。从策略选择来看，高权力距离倾向的人会采取更加委婉和间接的方式去寻求反馈信息，低权力距离倾向的人则可能会采取更为直接的方式去寻求反馈信息。从寻求对象来看，高权力距离倾向的人担心信息寻求行为会给他人（特别是上级领导）留下不好的印象，所以更可能向与自己平级的同事而非领导或下属去寻求反馈信息。相反，低权力距离倾向的人则会将寻求反馈信息视为上进的积极行为，因而更可能将领导或下属作为信息寻求的对象（Sully de Luque & Sommer，2000）。

（2）工作态度

个体的文化价值观是影响员工组织承诺的重要前因变量。Clugston等（2000）检验了Hofstede（1980）的四种文化价值观与多种员工承诺之间的关系。根据承诺类型（情感承诺、规范承诺、持续承诺）和承诺对象（组织承诺、团队承诺、领导承诺）的不同，他们将员工承诺分为了九种类型。最终的研究结果表明，个体的权力距离倾向与对组织的情感承诺具有正相关关系，与对各个对象的持续承诺和规范承诺都具有正相关关系。

恰恰相反的是，针对自我管理工作团队的研究却表明，权力距离倾向与员工的工作满意度和组织承诺都呈现出显著的负相关关系，并且员工的抵触心理中介了权力距离倾向对这两种工作态度的负向影响（Kirkman & Shapiro，2001）。这是由于高权力距离倾向的人尊重上下级之间的权力地位差异，他们一般不愿意去超越传统权威的边界，也不喜欢自主独立地工作或者主动承担责任。因此，相对于低权力距离倾向的员工，高权力距离倾向的员工更可能对自我管理工作团队的自我管理方式产生抵触，从而导致工作满意度和组织承诺的降低。

（3）冲突处理方式

权力距离文化价值观还会影响个体对冲突的处理方式。有关冲突管理的研究发现，人们对于第三方权威机构的态度反应受到个体权力距离倾向的影响（Tyler，Lind，& Huo，2000）。高权力距离倾向的人更关注第三方权威机构的最终处理结果是否能够让自己满意，而低权力距离倾向的人则更注重与第三方权威机构在互动过程中的关系是否让自己觉得受到了尊重。因此，相对于高权力距离倾向的个体，第三方权威机构的调解更容易被低权力距离倾向的人认可和接受，调解过程对于低权力距离倾向的人可能更为有效（Tyler et al.，2000）。

（4）领导方式期望

权力距离文化价值观也会影响员工对于有效领导的期望。一项全球性的研究表明，持有不同权力距离文化价值观的员工所期望的领导风格是完全不同的（Javidan et al.，2006）。持有高权力距离文化价值观的员工更喜欢与领导建立一种正式的管理关系，认为拥有职位权威的人是应该并且值得受到尊重和顺从的。他们认为做决策是领导的事情，因此他们不习惯去参与领导的战略决策制定，也不喜欢领导来征求自己的意见。受高权力距离文化价值观影响的员工通常更愿意与领导保持一定的距离。相反，持有低权力距离文化价值观的员工认为，对管理者的尊重不等于是顺从，他们更希望与领导建立一种相互尊重的关系和平等开放的对话方式。然而，对于高权力距离倾向的员工来说，这种开放平等的对话方式可能本身就是一种不尊重权威的冒犯行为。

2. 权力距离倾向的调节效应

近年来，探讨文化相关变量在组织理论中的调节效应已经发展成为一种趋势，有越来越多的研究开始关注权力距离倾向与一些组织变量的交互作用（Earley & Erez，1997；Sully de Luque & Sommer，2000）。

（1）与组织公平的交互作用

个体的权力距离倾向与组织公平的交互作用会对员工产生显著的影响。Kim 和 Leung（2007）发现，权力距离倾向会调节个体对于总体不公平的反应，对于低权力距离倾向的员工，总体不公平与离职意愿和工作满意度之间的负相关关系更强。Kim 和 Leung（2007）从民族文化的角度对此进行了解释。他们指出，高权力距离的民族文化有助于人们将不同权力地位个体受到的不公平对待合理化，因此高权力距离倾向的人（如亚洲人）更可能将社会或组织中的不平等和不公平视为理所当然，从而无视、容忍或者理解组织中的不公平对待行为。然而，低权力距离的民族文化推崇人与人之间的平等，因此低权力距离倾向的人（如美国人）对于不公平的反应会更大。

也有很多研究分别考察了个体权力距离倾向与程序公平和分配公平这两个组织公平维度的交互作用。一些学者发现，低权力距离倾向的员工会更关注工作中的自主独立和自我决定，希望通过自己能够控制的方式来实现重要的工作结果。公平的程序（如建言机制）和结果（如合理分配）恰恰能够满足低权力距离倾向个体的这种工作需求。因此，组织中的工作程序和分配结果是否公平，会对低权力距离倾向员工的工作态度和行为带来更为强烈的影响。实证研究表明，相对于高权力距离倾向的员工而言，程序公平感的确会为低权力距离倾向的员工带来更强的领导信任（Lee，Pillutla，& Law，2000）、更低的不安全感（Loi，Lam，& Chan，2012）、更高的满意度、更好的绩效和更低的缺勤率（Lam，Schaubroeck，& Aryee，2002）；分配公平感也确实会引发低权力距离倾向的员工更强的心理契约实现感（Lee，Pillutla，& Law，2000）、更高的满意度、更好的绩效和更低的缺勤率（Lam et al.，2002）、更多的组织公民行为（Schilpzand，Martins，Kirkman，Lowe，& Chen，2013）。此外，团队层次的研究也表明，团队的程序公平氛围会显著提升员工的组织承诺和组织公民行为，并且如果团队成员普遍持有较低的权力距离倾向，那么程序公平氛围的这种积极作用就会更加强烈（Yang et al.，2007）。

然而，同样是讨论个体权力距离倾向与组织公平的交互作用对员工态度和行为的影响，Begley，Lee，Fang 和 Li （2002） 却得出了截然相反的结果。就程序公平而言，Begley 等（2002） 从员工与领导之间关系的视角出发，基于权威关系模型（relational model of authority；Tyler et al.，2000） 探讨了个体权力距离倾向对程序公平与员工结果之间关系的调节作用。他们指出，在一个组织中，高权力距离倾向的员工会认为，领导有权力在不和下属商量的情况下制定决策，员工很难去影响到组织的决策。因此，高权力距离倾向的员工通常愿意与领导保持一个安全而合适的情感距离。相对而言，低权力距离倾向的员工往往认为领导和下属可以共同商量决策，他们乐于接近领导，并且愿意就重要的事宜表达自己的观点和看法。这使得低权力距离倾向的员工能够与领导建立起更为亲近的关系（Lam et al.，2002）。Begley 等（2002） 认为，与领导之间的亲近关系会让员工产生安全感，而这种安全感可以在很大程度上代替程序公平感。因此，低权力距离倾向的员工对于组织中的程序公平反而不太敏感。然而，高权力距离倾向的员工与领导较为疏远的关系并不足以代替程序公平感，他们反而会对程序公平更为敏感。Begley 等（2002）的实证分析结果确实表明，对于高权力距离倾向的员工，程序公平与工作满意度、离职意愿、组织公民行为的关系更强。

除此之外，Begley 等（2002）也探讨了个体权力距离倾向会如何调节分配公平与员工结果之间的关系。他们认为，高权力距离倾向的员工与领导的关系并不亲近，本身对于分配公平没有什么期待，因此其工作结果不太会受到分配公平的影响。对于低权力距离倾向的员工而言，相对于去掌控自己与领导之间的关系，控制组织的分配结果显得更加困难。因此，分配公平对于低权力距离倾向员工的意义更为重大。Begley 等（2002）的实证研究结果也确实表明，对于低权力距离倾向的员工，分配公平与工作满意度、离职意愿、组织公民行为之间的关系更强。

（2）与领导特征的交互作用

Kirkman 等（2009）在一项跨层次的跨文化研究中，考察了员工的权力距离倾向对变革型领导（transformational leadership）影响的调节作用。他们发现，变革型领导善于向下属传递美好的愿景、树立高期望，对下属进行积极的智力激发，并且提供大量支持和个性化的关怀，因此更容易让下属感受到程序公平，这种程序公平感会进而激发员工的组织公民行为。特别是对于低权力距离倾向的员工来说，变革型领导的这种影响会更强烈。有意思的是，Kirkman 等（2009）的这项研究还表明，就国家层次的分析结果而言（即在不同权力距离文化的国家中），上述变革型领导对员工态度和行为的影响差异并不显著。这样的研究结果有力地证明，相对于考察不同民族文化之间的差异，在同一民族文化内探讨个体权力距离倾向的差异，对于解释个体态度和行为具有更重要的理论意义。

下属的权力距离倾向也可以调节辱虐管理（abusive supervision）对员工的负面影响，并且权力距离倾向的调节作用方向（加强或减弱）会因结果变量的不同而有所不同（Lian，Ferris，& Brown，2012）。从辱虐管理与员工感受的关系来看，根据权威关系模型，低权力距离倾向的下属重视与领导建立平等而亲近的个人关系，高权力距离倾向的下属则更愿意与领导建立起一种正式的上下级工作关系（Tyler et al.，2000）。因此，低权力距离倾向的下属会期待领导用礼貌和尊重的方式对待自己，而来自领导的辱虐行为则是粗鲁、刻薄和不正常的，甚至带有侮辱的意味，会引起他们更强烈的负面感受。相对而言，高权力距离倾向的下属对于不公平和缺乏尊重的领导行为更加习以为常或者有所预期，辱虐管理给他们带来的不适感因而并不会特别强烈。很多实证结果表明，员工的权力距离倾向确实会减弱辱虐管理对员工公平感（Lian et al.，2012）、组织认同和组织自尊（严丹，黄培伦，2012）、心理健康和工作满意度（Lin，Wang，& Chen，2013）的负面影响，支持了上述推论。

然而，从辱虐管理与人际越轨行为的关系来看，Lian 等（2012）却提出了相反的假设。Lian 等（2012）指出，高权力距离倾向的下属格外地重视高地位的人，会认为领导之所以能够成为领导，是由于领导表现出了某些值得其他人尊重和学习的特定行为。基于社会学习理论（social learning theory；Bandura，1971），高权力距离倾向的下属更可能将上级视为自己的行为榜样去追随和模仿，这种模仿也包括对上司不良行为的学习。相对而言，低权力距离倾向的员工虽然承认和接受组织中由于层级不同而形成的地位差异，但他们并不会觉得领导具有比其他人更崇高的地位和特殊的能力。因此，低权力距离倾向的员工不会刻意模仿领导的行为，相反，他们更愿意去效仿比自己优秀的人。Lian 等（2012）的数据结果表明，下属的权力距离倾向确实会加强辱虐管理对员工人际越轨行为的影响，社会学习中介了员工权力距离倾向和辱虐管理的交互项对人际越轨行为的作用。

此外，员工的权力距离倾向也会调节威权领导（authoritarian leadership）对员工的影响。研究发现，如果员工持有较低的权力距离倾向，则威权领导对其心理授权、领导信任、建言行为和组织公民行为的负向影响更大；如果员工持有较高的权力距离倾向，则威权领导对其工作态度和行为的影响更小（周建涛，廖建桥，2012；张燕，怀明云，2012）。

最后，员工的权力距离倾向还会调节领导情感承诺的影响。研究发现，领导的情感承诺会正向影响下属的情感承诺，进而正向影响下属的任务绩效和角色外行为。由于低权力距离倾向的员工将领导视为可亲近的人，更重视个人化的上下级关系，因此领导的情感承诺会更加强烈地影响低权力距离倾向员工的工作态度和行为（Loi，Lai，& Lam，2012）。

（3）与工作特征的交互作用

员工的权力距离倾向会调节工作特征与员工工作满意度之间的关系。通常来讲，外部工作特征包括薪酬、工作安全和工作环境等，内在工作特征包括机会、挑战、认可、自主性以及工作本身的意义等。Huang 和 Van de Vliert（2003）发现，外部工作特征在不同的民族文化下，都对工作满意度具有显著的影响，但内部工作特征对持有低水平（相对于高水平）权力距离文化价值观的员工具有更重要的意义。

员工的权力距离倾向也会调节任务选择自主性与工作绩效之间的关系。Sue – Chan 和 Ong（2002）的实验研究表明，无论是让高权力距离倾向的被试去完成指派和要求的任务，还是自行选择的任务，被试的任务绩效都没有显著差异，即任务选择的自主性对于高权力距离倾向的被试没有太大的实际意义。而相比起被指派的实验任务，低权力距离倾向的被试在完成自行参与选择的任务时，会表现出更高的目标承诺和自我效能感，从而达到更高的绩效。因此，个体的权力距离倾向减弱了任务选择自主性与工作绩效之间的关系。

此外，权力距离倾向还会调节工作授权与员工绩效之间的关系。研究者发现，持有高权力距离文化价值观的个体由于更难以接受和适应授权的工作特点，反而在不授权的情况下会有更好的工作表现。相比之下，是否授权对于持有低权力距离文化价值观员工的绩效表现影响并不明显（Eylon & Au，1999）。同样地，员工的权力距离倾向会减弱授权对工作满意度（Hui，Au，& Fock，2004）、对团队参与（Zhang & Begley，2011）的正相关关系。

（4）与管理实践的交互作用

权力距离文化价值观会调节员工话语权与员工态度之间的关系。Brockner 等（2001）基于多国样本的一系列研究结果表明，在权力距离较低的民族文化下，难以表达自己的看法会让员工觉得更不舒服，组织承诺和满意度更低。相对而言，在权力距离较高的民族文化下，不能发表意见更容易被员工接受，给员工带来的不舒服感程度更低，对组织承诺和满意度的负面影响也更小。这一研究结论不仅在国家层次上得到了跨国样本的支持，也同样得到了基于单个国家内样本在个体层次分析上的验证。进一步地，以员工的组织承诺或满意度作为因变量，同时将员工权力距离倾向和话语权的交互项、权力距离文化和话语权的交互项放入回归方程中，前者的回归系数显著，而后者的回归系数变得不再显著。这一结果表明，民族文化层次上权力距离文化价值观对员工话语权和员工态度之间关系的调节作用，其实是通过个体层次上权力距离文化价值观的中介作用来实现的。这一结果也进一步地反映出关注个体层次文化价值观的重要意义。

个体层次的权力距离倾向会调节组织支持和员工工作行为之间的关系。Farh 等（2007）基于社会交换理论和权威关系模型指出，由于对权威更为尊重、顺从和忠诚，权力距离倾向较高的员工倾向于与领导保持最大的社会距离，并且不会与领导建立对等的交换关系。因此，组织支持不会显著影响高权力距离倾向员工的工作产出。相对而言，权力距离倾向较低的员工在工作中愿意与领导建立一种平等的交换关系，这种交换关系越强，员工所获得的资源和相应的积极工作结果会越多。因此，从组织或领导那里获得的支持越多，低权力距离倾向的员工就越可能表现出更高水平的工作绩效和组织公民行为。

此外，权力距离文化价值观还可能影响高绩效工作系统的有效性。简单来说，高绩效工作系统是一种基于社会交换关系的人力资源实践体系，高绩效工作系统让员工可以有机会参与决策，并且通过赏识和鼓励员工、提升员工知识技能等方式来提高组织绩效。根据人力资源管理的权变观点，高绩效工作系统要发挥作用，需要与相应的组织环境（如文化价值观）相匹配。Wu 和 Chaturvedi（2009）认为，在高权力距离文化的组织中，员工习惯于接受专制和威权的管理，认为自己只能被动接受工作安排，没有能力或不被允许去参与管理决策，并不会受到高绩效工作系统的太大影响。相反，在低权力距离文化的组织中，员工和组织更可能建立起一种互惠互利的交换关系，因此在这样的组织环境中，高绩效工作系统更有可能影响员工对程序公平的感知，从而提高员工的情感承诺和工作满意度。虽然这一假设的调节作用最终没能在 Wu 和 Chaturvedi（2009）的研究中得到实证支持，但这种思路对后续研究仍具有一定的启示意义。

（5）与成员多样性的交互作用

在一个组织中，员工人口统计学变量（如工作年限、专业背景）的多样性是否能够提升创新氛围，也取决于权力距离文化价值观。研究发现，在低权力距离的组织文化下，员工的多样性会显著增强创新氛围，而在高权力距离的组织文化下，员工的多样性反而会降低创新氛围（Van Der Vegt，Van De Vliert，& Huang，2005）。

Van Der Vegt 等（2005）认为，这是由于在低权力距离的文化下，人们喜欢协商型的工作方式，不同权力地位的成员会相互依赖、交换信息、分享思想。即便是权力地位较低的成员，也可以平等地接近权力地位高的成员。因此，员工在人口统计学变量上的差异（如新/老员工）所对应的地位差别，不仅不会影响人与人之间的相互交流，还会增强团队信息的多样性。这种多样性会促进团队成员之间的开放交流和相互学习，有助于整个团队或组织创新地发现和解决工作相关问题。相反，在高权力距离的文化下，权力地位的差异会让低权力地位的成员不太可能主动讲出自己的想法和建议，更不要说提出反对意见了。此外，高地位成员也会认为低地位成员能力低、经验少，几乎不会去重视和采用低地位成员提出来的意见。因此，在高权力距离的组织文化下，成员的多样性对于组织或团队的创新氛围不仅难以发挥积极作用，甚至会产生负面影响。

2.2.5 小结

本节从起源、定义、测量和影响 4 个方面回顾了个体权力距离倾向的相关研究。图 2-4 更清晰地呈现了个体权力距离倾向的现有研究脉络。

虽然最早起源于民族文化层次的研究，但是权力距离倾向对于员工态度和工作行为的影响同样具有很大的可探索空间。现有的研究较多地关注个体权力距离倾向的调节效应，并且将焦点过多地放在员工身上。本研究创新性地探讨了领导持有的权力距离倾向对员工沉默行为的影响，试图补充以往仅关注员工权力距离倾向调节效应的研究。

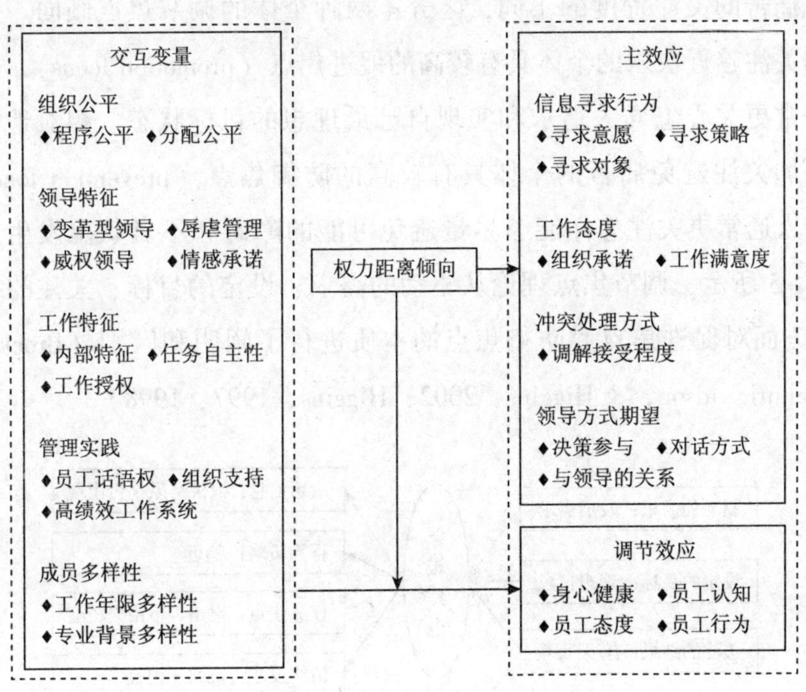

图 2-4　权力距离倾向的主效应和调节效应

2.3　调节焦点①

2.3.1　调节焦点的本质

在实现人生目标的过程中，每个人都想要不断地追求快乐、远离

① 本节的部分内容经改动后发表：毛畅果（2017）. 调节焦点理论：组织管理中的应用. 心理科学进展，25（4），682－690.

痛苦。然而，不同的人对于趋近快乐（approach pleasure）和避免痛苦（avoid pain）这两方面的关注程度是不同的（Higgins，1997）。由此，Higgins（1997，1998）提出了调节焦点理论，根据人们对趋近快乐和避免痛苦的关注程度的不同，区分了两种个体的调节焦点倾向。那些更加关注趋近快乐的个体具有较高的促进焦点（promotion focus），这些人通常更关心怎样去追求和实现自己最理想的目标状态。相对地，那些更加关注避免痛苦的个体具有较高的防御焦点（prevention focus），这些人通常更关注怎样能够尽量避免可能的障碍和不良状况发生。如图2－5所示，调节焦点理论从驱动的需求、设定的目标、关注的结果3个方面对促进焦点和防御焦点的本质进行了阐明和区别（Brockner，Paruchuri，Idson，& Higgins，2002；Higgins，1997，1998）。

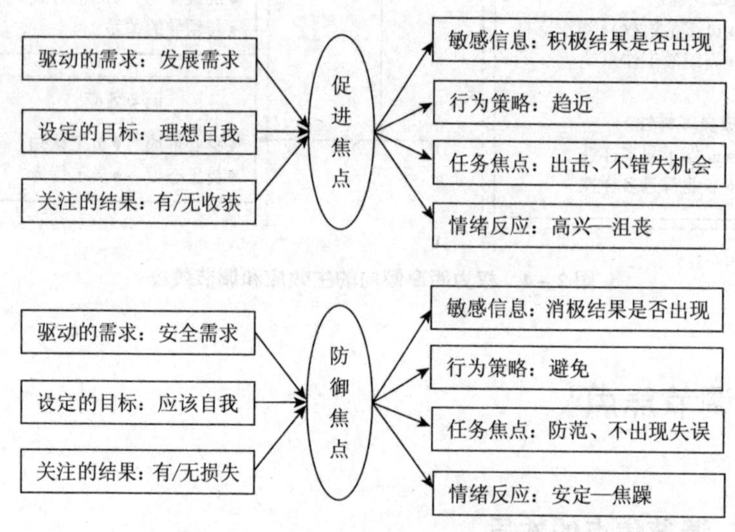

图2－5　促进焦点与防御焦点的本质区别

资料来源：Higgins（1997）.

1. 驱动的需求

人们与生俱来地拥有很多基本的需求。调节焦点理论（Higgins，

1997，1998）指出，驱动不同调节焦点的基本需求有所不同。促进焦点的个体主要受到培养（nurturance）需求的驱动，他们重视自身的进步、成长和发展，更关注收获、理想和成就。相对地，防御焦点的个体主要受到安全（security）需求的驱动，他们重视自我保护、回避威胁和失败，更关注职责、义务和责任。例如，同样是为了学业考试而努力复习，促进焦点的学生可能更希望考出优秀成绩，从而满足自己的成就感和发展需求，而防御焦点的学生则更可能去避免考试不及格，不让自己遭到父母和老师的责骂。

2. 设定的目标

作为调节焦点理论的基础，自我差异理论（self－discrepancy theory；Higgins，1987）提出，个体想要达到的最终状态（desired end－state）有两种。一种最终状态是理想自我（ideal self），即“希望”成为的那一种人。理想自我反映的是个体自己或其他重要人士（如父母、挚友）希望个体达到的最优目标，是一种最大化的愿望、理想和志向。另一种最终状态是应该自我（ought self），即“应该”成为的那一种人。应该自我反映的是个体自己或其他重要人士认为个体应当达到的基本目标，是一种应负起的职责、义务和责任。当然，这两种最终状态并不容易完全达到。因此在通常情况下，个体展现出来的是自己当前最现实的状态，即真实自我（actual self）。

Higgins（1997）认为，不同调节焦点的人想要追求的最终状态是不同的。促进焦点的个体重视自我实现和成就，更倾向于追求理想自我，致力于减少理想自我与真实自我之间的差异。因此，这一类人通常喜欢设立和追求最优化的目标（Carver & Scheier，1998）；而防御焦点的个体重视自我保障和安全，更倾向于追求应该自我，致力于减少应该自我和真实自我之间的差异。这一类人会尽量避免去改变环境，喜欢设置符合既定要求的目标（Carver & Scheier，1998）。

当然，虽然理想自我和应该自我分别强调的是个体的最佳状态和基本状态，但这并不意味着理想自我比应该自我更加优越。相反，所谓的“理想”和“应该”是因人而异的。例如，有人把在学业考试中拿到优秀成绩作为一种理想和成就，而有人却将其视为一种责任和任务（Higgins，2000；Higgins，Idson，Freitas，Spiegel，& Molden，2003）。

3. 关注的结果

不同调节焦点的人所关注的结果也有所不同。促进焦点的个体想要得到成就，其主宰动机是对成就的渴望（eagerness）。因此，促进焦点的个体关心自己最终是否能够得到想要的收获。真实自我和理想自我的一致会为促进焦点的个体带来收获的快乐，而真实自我和理想自我的差异则会带来无收获的痛苦。例如，对于促进焦点的人来说，在考试中得到优秀成绩意味着收获的快乐，而没有得到优秀成绩则意味着无收获的痛苦。

相反，防御焦点的个体想要保证安全，其主宰动机是对危险的警惕（vigilance）。因此，防御焦点的个体关注自己最终是否可以避免遭受损失。真实自我和应该自我的一致会让防御焦点的人感受到无损失的快乐，而真实自我和应该自我的差异则会让其经历蒙受损失的痛苦。例如，对于防御焦点的人来说，在考试中没有不及格是一种无损失的快乐状况，而考试成绩不及格则代表了一种损失的痛苦状况。

2.3.2 调节焦点的特点

除了说明调节焦点的本质来源，调节焦点理论（Higgins，1997）还进一步指出了个体调节焦点在本质属性和维度关系两个方面的特点。

1. 属性特点

个体的调节焦点既可以是一种长期的（chronic）特质变量（Higgins

et al.，2001；Higgins，Shah，& Friedman，1997），也可以是一种即时的（temporal）状态变量（Förster et al.，1998；R. E. Johnson & Chang，2008；Manczak，Zapata - Gietl，& McAdams，2014；Shah & Higgins，1997）。

（1）作为长期特质的调节焦点

调节焦点可以是一种稳定的特质，受到人们的早期生活经历或者自身一些人格变量的影响。

学者们普遍认为，在早期的儿童成长阶段，监护人与儿童的互动方式会对其长期的调节焦点倾向产生重要的影响（Förster et al.，1998；Higgins，1997，1998）。一方面，在教育儿童的过程中，监护人可能更关注儿童积极行为的出现/不出现，并据此给予相应的反馈。例如，当儿童按照监护人的指示，完成了某个事项（如克服了一项困难）时，监护人会给予儿童一些正面的反馈（如拥抱或者亲吻）。而当儿童没有表现出所期望的积极行为（如不认真听故事）时，监护人则不给予其正面的反应（如不再继续讲故事）。在这样的培养方式下，监护人会不断地传递给儿童一些信息，让儿童知道哪些行为是监护人所希望或者不希望的。长期下来，这样的教育方式就会培养起儿童较高的促进焦点。

另一方面，监护人在教育过程中也可能更关注儿童消极行为的出现/不出现。当消极行为出现时，监护人给予相应的反应。例如，在儿童不认真听话时给予训斥、犯错误时给予批评、不负责任时给予惩罚。而当儿童避免或防止消极行为的时候，则不会遭受到痛苦的责罚。这样的教育方式会让儿童对于危险和损害更为警惕，更加关注保护、安全和责任，知道什么行为是应该或者不应该去做的。长期下来，儿童会形成较高的防御焦点。当然，除了早期监护人—儿童之间的互动信息，个体的调节焦点也可能会受到生活阶段中后期一些重要人士的影响，如伴侣、挚友、同事和雇主等（Higgins，1997，1998）。

此外，个体的调节焦点还受到很多人格特质的影响。例如，个体的责任心对于促进焦点和防御焦点均有显著的正向影响（Wallace & Chen，2006）。自我建构（self - construal）也会影响对信息的关注程度，独立自我（independent self）的个体更关注促进焦点的信息，而互依自我（interdependent self）的个体则更关注防御焦点的信息（Komissarouk & Nadler，2014；Lee，Aaker，& Gardner，2000）。一些元分析（如 Gorman et al.，2012；Lanaj et al.，2012）的结果表明，促进焦点与一些促进性特征（如外倾性、积极情感、行为激发、学习导向）正相关，防御焦点与一些防御性特征（如神经质、消极情感、行为回避、绩效避免导向）正相关。此外，调节焦点还与其他一些大五人格（经验开放性、宜人性）以及个体的自我评价（如自尊、自我效能）有关。

（2）作为即时状态的调节焦点

调节焦点也可以作为一种即时的心理状态，被一些情境因素激发和唤醒（Friedman & Förster，2001；Higgins，1997，2000；Liberman，Idson，Camacho，& Higgins，1999）。具体地，如果外部环境强调成长发展、理想实现，更多地传递"收获/无收获"信息，则会引发个体情境性的促进焦点；如果外部环境强调安全保障、责任实现，更多地传递"损失/无损失"信息，则会引发个体情境性的防御焦点（Higgins，1997，1998）。

在工作场所中，员工所处的特定文化背景和组织环境会塑造和改变个体的调节焦点。首先，组织氛围会影响调节焦点。实验研究表明，组织工作中的不公平感受容易引发个体的防御焦点，而公平的待遇则容易引发个体的促进焦点（R. E. Johnson，Chang，& Rosen，2010）。组织的安全氛围与促进焦点负相关，与防御焦点正相关（Wallace & Chen，2006）。其次，民族文化价值观也会通过影响个体的自我构念，来激发不同的调节焦点。例如，个人主义文化容易塑造独立自我和促进焦点的个体，而集体主义文化则更可能塑造互依自我和防御焦点的个体（Zhang & Mittal，2007）。最后，不同性质的工作任务也会引发不同的情境性调节焦点。例如，创造性的工作会更多地激发个体的促进焦点，而一些注重警惕和关注细节的工作则会更多地激发防御焦点（Van Dijk & Kluger，2011）。

此外，还有很多研究者关注领导风格与员工调节焦点的关系。研究发现，结构领导风格（initiating structure）与员工的防御焦点正相关，而公仆型领导（servant leadership）与员工的促进焦点正相关（Neubert，Kacmar，Carlson，Chonko，& Roberts，2008）。变革型领导关注改变和积极愿景，更容易激发下属在工作情境中的促进焦点，而交易型领导关注责任和交换关系，则更容易激发下属在工作情境中的防御焦点（Kark，Katz – Navon，& Delegach，2015；Kark & Van Dijk，2007）。

2. 维度关系

作为调节焦点的两个维度，促进焦点和防御焦点虽然在内容上相互对应，但却在构念上相互独立，二者并非一个连续体上相反的两极（Förster，Higgins，& Bianco，2003；Higgins，1997，1998；Scholer & Higgins，2008）。也就是说，一个人可能同时具有高水平的促进焦点和高水平的防御焦点，这样的人往往既会很关注如何实现理想的最优目标，同时也会关注防止遭遇最坏的结果。当然，一个人也可能同时具有低水平的促进焦点和低水平的防御焦点，这样的人通常具有较低的动机水平。

以往的很多实证研究也表明，促进焦点和防御焦点确实只存在微弱或中度的相关关系（Higgins et al.，2001；Lockwood，Jordan，& Kunda，2002；Wallace & Chen，2006；Wallace，P. D. Johnson，& Frazier，2009）。在最近的两项元分析中（Gorman et al.，2012；Lanaj et al.，2012），促进焦点和防御焦点的这种正交结构得到了进一步的证实。

2.3.3 调节焦点的测量

如上所述，调节焦点既可以作为一种长期的特质，又可以作为一种暂时的状态。因此在量化研究中，学者们既可以开发和使用工具对个体的长期调节焦点进行测量，又可以通过实验刺激来激发和操纵个体的调节焦点状态。

1. 长期特质的测量

Gorman 等（2012）在元分析中总结了调节焦点已有的 14 种测量工具，并统计了这些问卷或量表的使用频次（表 2－1）。由于一些测量工具被使用的频率特别少，以下仅针对较为经典和引用频次较高的测量工具进行回顾。

（1）自我问卷

Higgins（1989）在一本专著的章节中提出，可以使用自我问卷（Selves Questionnaire）来测量人们的调节焦点。自我问卷关注人们的三组自我状态：真实自我、理想自我和应该自我。被试需要分别列出 10 项描述，说明自己“实际是什么样的人”“希望自己成为怎样的人”“应该成为怎样的人”。之后，被试需要对自己所列出的每个项目进行打分，说明自己在多大程度上拥有这样一些特质。

通常来讲，在判断与自己本身更相近的特征时，人们可以更快地从大脑中提取相应的信息，因此所花费的反应时间（reaction time）会更少。基于此，Higgins（1989）测量出被试填写自我问卷时在每组自我状态所花费的反应时间，分别作为衡量被试真实自我、理想自我和应该自我的指标，以此来进一步划分被试的长期调节焦点类型。具体来说，如果被试在理想自我项目的罗列和评价上所花费的时间越短，他们的促进焦点特质就越明显；如果被试在应该自我项目的罗列和评价上所花费的时间越短，他们的防御焦点特质就越明显。

表 2-1 调节焦点的自我报告式测量工具

测量工具	作者	年份	来源	使用数
1. Selves Questionnaire	Higgins	1989	专著章节	2
2. Regulatory Focus Behavior Measure	Higgins, Roney, Crowe, & Hymes	1994	J. of Personality and Social Psychology	1
3. Regulatory Focus Questionnaire	Higgins, Friedman, Harlow, Idson, Ayduk, & Taylor	2001	European J. of Social Psychology	15
4. General Regulatory Focus Measure	Lockwood, Jordan, & Kunda	2002	J. of Personality and Social Psychology	30
5. Promotion/Prevention Outcomes Measure	Pennington & Roese	2003	J. of Experimental Social Psychology	1
6. Regulatory Focus Quick Assessment	Cunningham, Raye, & M. K. Johnson	2005	Cognitive, Affective, and Behavioral Neuroscience	1
7. Modified Regulatory Focus Questionnaire	Semin, Higgins, Gil de Monies, Estourget, & Valencia	2005	J. of Personality and Social Psychology	3
8. Regulatory Focus at Work Scale	Wallace & Chen	2006	Personnel Psychology	7
9. Regulatory Concerns Questionnaire	Keller	2006	未公开发表	1
10. Regulatory Focus Strategies Scale	Ouschan, Boldero, Kashima, Wakimoto, & Kashima	2007	Asian J. of Social Psychology	3
11. Regulatory Focus Scale	Fellner, Holler, Kirchler, & Schabmann	2007	Swiss J. of Psychology	2
12. Regulatory Focus Reference - Point Scales	Summerville & Roese	2008	J. of Research in Personality	1
13. Work - Based Regulatory Focus Measure	R. E. Johnson & Chang	2008	未公开发表	7
14. Work Regulatory Focus Scale	Neubert, Kacmar, Carlson, Chonko, & Roberts	2008	J. of Applied Psychology	1

资料来源：Gorman 等(2012:165).

虽然自我问卷是最早用来测量个体调节焦点的工具，但其操作难度较大、程序较为烦琐且耗时耗力，在后续研究中的使用并不是十分广泛。

（2）调节焦点问卷

比起自我问卷，调节焦点问卷（Regulatory Focus Questionnaire；Higgins et al.，2001）可以更直接地测量个体的长期调节焦点。调节焦点问卷使用 Likert 量表形式（从“从来没有”到“很经常”），要求作答者根据他们以往成功或失败的经历进行回忆和自我评价。问卷共包含 11 个题目，其中 6 个题目用于测量促进焦点，具体题目包括“在生活中，我觉得我已经在向着成功前进了”等；另外 5 个题目用于测量防御焦点，具体题目包括“我曾经由于不够小心而招致麻烦”等。调节焦点问卷由于条目简短、信效度较高，被较广泛地运用于后续的研究中。

（3）一般调节焦点量表

一般调节焦点量表（General Regulatory Focus Measure；Lockwood et al.，2002）要求作答者针对 18 个自我描述的题目，判断是否符合自身的情况。一般调节焦点量表包含促进焦点和防御焦点两个维度，每个维度各 9 个题目。其中，促进焦点维度的题目包括“我经常会去想怎样才能实现自己的理想和志向”“我经常会去想自己将来要成为什么样的人”等；防御焦点维度的题目包括“我通常会去关注生活中的负面事件”“我担心不能履行自己的责任和义务”等。

同样是针对一般生活情境中的调节焦点测量，Higgins 等（2001）的量表主要是基于个体对过去自身表现的回忆和评价，而 Lockwood 等（2002）则试图更加关注个体在一般情境下更为普遍和稳定的调节焦点倾向。Lockwood 等（2002）的一般调节焦点量表是迄今为止被量化研究采用得最多的量表。

（4）工作情境调节焦点量表

个体在工作情境中也可能具有相对稳定的调节焦点（Brockner & Higgins，2001；Wallace & Chen，2006）。因此，Wallace 和 Chen（2006）专门针对工作情境，开发了个体的工作情境调节焦点量表（Regulatory Focus at Work Scale）。该量表同样包括促进焦点和防御焦点两个维度，共 12 个题目，每个维度各 6 个题目。其中，促进焦点的具体题目包括“我关注成就”等，防御焦点的具体题目包括“我关注遵循规章制度”等。

工作情境调节焦点量表的信效度在后续的研究中也得到了很好的验证。例如，有研究表明，控制了采用 Lockwood 等（2002）量表测量的调节焦点后，Wallace 和 Chen（2006）这一量表测量出的调节焦点在解释一些员工结果变量时仍有增益效度（Wallace et al.，2009）。

（5）基于工作的调节焦点量表

R. E. Johnson 和 Chang（2008）开发了基于工作的调节焦点量表（Work – based Regulatory Focus Measure）。该量表共 12 个题目，包括了促进焦点和防御焦点两个维度，每个维度各 6 个题目。其中，促进焦点的具体题目为“我希望在工作中充分发挥自己的潜力”“我关注自己在工作中的成功经历”“我经常会去想工作中好的一面”“我把工作看作实现自己愿望和抱负的一种方式”“我会去想工作能给我带来的好处”“当我完成了大量工作时，我会很开心”。防御焦点的具体题目包括“我关注自己在工作中的失败经历”“我担心工作中发生不好的事情”“我经常会去想工作中消极的方面”“我会去想自己万一失去工作后可能的遭遇”“当我不能履行工作职责时，我会感到焦虑”“工作中我有时候会感到焦虑”。该量表的信效度良好，也是在工作领域的调节焦点研究中使用较频繁的量表之一（Gorman et al.，2012）。

（6）工作调节焦点量表

工作调节焦点量表（Work Regulatory Focus Scale；Neubert et al.，2008）也是专门针对工作情境而开发的员工调节焦点测量工具。该量表也包括促进焦点和防御焦点两个维度，共 18 个题目，每个维度 9 个题目。促进焦点的题目分别反映了员工对于工作中安全（security）、责任（oughts）和损失（losses）三个方面的想法，具体题目如“在工作中我注重去完成我应尽的责任”（责任方面）。防御焦点的题目则分别反映了员工对于工作中收获（gains）、成就（achievement）和理想（i-deals）三个方面的看法，具体题目如“当我寻找工作时，发展机会对我来说是非常重要的考虑因素”（成就方面）。Neubert 等（2008）对量表的增益效度进行了检验，发现在解释工作场所的员工行为时，工作调节焦点量表比 Higgins 等（2001）的调节焦点问卷具有更强的解释效力。然而，Neubert 等（2008）这一量表较少被后续研究采用。

2. 即时状态的激发

除了用量表对个体的长期调节焦点进行测量，在针对个体调节焦点的早期研究以及大多数实验研究中，研究者们都是通过实验情境刺激的方式，来操纵被试即时的情境性调节焦点倾向。

（1）建立获益/损失框架

最常见的操纵方法是建立获益框架（gain frame）去启动被试的促进焦点，建立损失框架（loss frame）去启动被试的防御焦点（Higgins et al.，1997）。具体来说，促进焦点操纵组的被试会被事先告知，自己的实验表现会决定他们是否可以获得一些东西（如金钱），而防御焦点操纵组的被试则会被事先告知，自己的实验表现会决定他们是否会损失一些东西（如金钱）。

例如，在 Higgins 等（1997）的正式实验前，促进焦点操纵组的被试会得知，除最初承诺的实验报酬之外，他们还有机会通过好的实验表现来获得更多的报酬。也就是说，如果他们的实验表现超过了一定的标准，就会获得更多的钱，而如果没有达到既定的表现，就只能拿到最基本的报酬。相反，防御焦点操纵组的被试会得知，只有实验表现达到既定标准，他们才不会被扣钱，最终拿到最初承诺的报酬，而被试如果在任务中没有达到要求的标准，则会带来直接的经济损失，他们拿到的最终报酬会少于基本的报酬。

类似地，Crowe 和 Higgins（1997）在一项经典实验中，以任务偏好为诱导因素来操纵被试的状态性调节焦点。首先，在实验前，每个被试都需要在一系列任务中，选择出自己最愿意和最不愿意去做的实验任务。随后，被试需要去完成一项记忆测试。被试在测试前会得知，自己在这项记忆测试中的成绩会直接决定将要被指派的实验任务。促进焦点操纵组的被试会被告知，如果记忆测试的成绩好，那么在接下来的实验中，被试将会被指派自己最愿意去做的一项任务；如果成绩不好，则会被随机安排一项任务。然而，防御焦点操纵组的被试会被告知，如果记忆测试的表现不好，那么在接下来的实验中，被试会被指派自己最不愿意去做的一项任务；如果表现好，则可以避免被分配到最不喜欢的任务。

这种通过建立获益情境（“任务表现好会有奖励”）来启动促进焦点、通过建立损失情境（“任务表现不好会受责罚”）来启动防御焦点的操纵方式被后续的很多研究采用（如 Gino & Margolis，2011；Sassenberg，Landkammer，& Jacoby，2014）。

（2）启动理想/应该自我

也有一些研究通过启动被试的理想自我和应该自我，来激起情境性的调节焦点。例如，在实验之前，如果让被试去思考他们的理想、希望和志向，或者回忆他们生活中的重要人士（如父母、挚友）想让他们成为怎样的人，则可以启动被试的理想自我，进而激起促进焦点；如果让被试去思考他们的责任、义务和职责，或者回忆他们生活中的重要人士认为他们应该成为怎样的人，则可以启动被试的应该自我，进而激起防御焦点（Hamstra, Sassenberg, van Yperen, & Wisse, 2014; Higgins et al., 1997; Higgins, 1998; Peng, Dunn, & Conlon, 2015）。

（3）情境问题的反应

一些研究者还会根据被试对给定情境问题的回答和反应差异，来区分其调节焦点的类型。例如，Higgins 等（1997）曾询问被试"更倾向于"采取哪一种方式来维系自己与好朋友之间的关系。一种选项是支持自己的朋友，另一种选项是不要和朋友断了联系。Higgins 等（1997）认为，选择前者的人通常具有更高的促进焦点，而选择后者的人则具有更高的防御焦点。

2.3.4 调节焦点的主效应

实证研究表明，无论是长期的调节焦点特质，还是即时的调节焦点状态，都会对个体产生重要的影响。以下从个体的感觉认知、情绪态度、决策倾向和行为表现四个方面，对个体调节焦点的影响进行梳理和总结。

1. 感觉认知

（1）信息感知

调节焦点会直接影响个体对不同信息的关注程度（Förster et al., 2001; Higgins, 1997, 1998; Van Dijk & Kluger, 2004）。促进焦点的个体关注希望、成就、志向等最大化的目标，追求真实自我和理想自我的统一。他们关注积极结果的发生：真实自我与理想自我的一致，意味着积极结果的出现；真实自我与理想自我的差异，意味着积极结果的缺失。这种对于积极信息和积极结果的关注，使得促进焦点的个体通常处于一种渴求的状态（Van Dijk & Kluger，2004）。

相反，防御焦点的个体追求责任、职责、义务等最小化的必要目标，追求真实自我和应该自我的统一。他们关注消极结果的发生：真实自我与应该自我的一致，代表着消极结果没出现；真实自我与应该自我的差异，代表着消极结果的出现。这种对于负面反馈和消极结果的关注，使得防御焦点的个体往往处于一种警惕的状态（Van Dijk & Kluger，2004）。

调节焦点对个体信息感知的影响得到了很多实证研究的支持。Idson，Liberman 和 Higgins（2000）曾在一项实验中让被试尝试着想象任何成功或失败的感觉。他们发现，促进焦点的个体想象的成功或失败更多地与积极结果（是否收获）有关，而防御焦点的个体想象的成功或失败更多地与消极结果（是否损失）有关。相对于防御焦点的个体，成功会为促进焦点的个体带来更强的舒适感。相对于促进焦点的个体，失败会为防御焦点的个体带来更强烈的不舒服感。

此外，Lockwood 等（2002）探讨了不同调节焦点的人最可能受哪一类型榜样的激励。结果表明，促进焦点的人致力于追寻想要的结果，当审视周围的世界时，他们更愿意去关心他人是怎样获得成功的。因此，促进焦点的人更容易被一些正面的成功榜样激励，如成功的体育明星、音乐家和科学家等。相反，防御焦点的人习惯回避不想要的结果，当关注周围的世界时，他们更倾向于把焦点放在与失败相关的信息上，警示自己如何更好地去避免和防范消极的结果。因此，防御焦点的人更容易被一些负面的失败案例激励，如吸烟导致肺癌的人、酒后驾车受伤的人等。这样的感知倾向也使得防御焦点（相对于促进焦点）的人更在意自己的名声和避免不良外部形象（Pfattheicher，2015）。

当然，上述结论也同样适用于组织管理情境中。在工作中，促进焦点的员工对于与积极结果相关的信息（如努力工作可能带来的绩效奖励）更为敏感，而防御焦点的员工则对于与消极结果相关的信息（如努力工作可以避免领导的责骂）更为敏感（Hamstra et al.，2014；Lanaj et al.，2012）。

（2）信息加工

调节焦点会影响人们的信息加工方式。以下从个体对外部信息加工的速度精度、认知风格和反思方式三个方面进行梳理。

调节焦点会影响个体加工信息的速度和精度。促进焦点的个体喜欢采用探索式的信息加工方式，关注信息加工的速度；相对而言，防御焦点的个体则喜欢采用谨慎式的信息加工方式，关注信息加工的精度（Förster et al.，2003）。在 Förster 等（2003）的实验中，被试需要在既定的时间内，将排列在图纸上的一些小圆点顺序连接起来，构成不同的图案。被试在规定的时间内连接的点数越多，表示速度越快；在连接时忽略的点数越少，表示精度越高。实验结果表明，促进焦点的个体在完成任务时的速度较快，而防御焦点的个体在完成任务时的精度较高。特别地，当快要达成任务目标的时候，促进焦点的被试会大幅地加快速度，但是相应地，其精度也会有所下降；相反，在快要接近完成目标的时候，防御焦点的被试速度下降了，其精确度却提高了。由此看来，促进焦点的人可能更善于去做一些要求速度的工作（如速读和泛读文章），而防御焦点的人则可能更适合去做一些对准确度要求较高的工作（如校对和检查错误）。

调节焦点会影响个体的认知风格。研究表明，促进焦点与全局式（global）认知风格是相一致的，促进焦点高的个体更容易去关注整体而非细节。而防御焦点与局部式（local）认知风格是相一致的，防御焦点高的个体更容易去关注事物的细节而非整体（Förster & Higgins, 2005）。此外，个体往往会基于自己的调节焦点类型来投射和预测他人的偏好和行为倾向（Woltin & Yzerbyt, 2015）。

调节焦点会影响个体的反思方式。当回顾自己以往行为和经历的时候，促进焦点的个体会进行加法式的反思。他们关注理想的目标有没有得以实现，会反思自己有没有错失了什么重要的机会，担心自己由于“没有做到该做的事”（inaction）而影响可能的理想结果。与之相反，防御焦点的个体在回顾过去行为和经历的时候，会进行减法式的反思。他们关注对现状的维护和保持，会反思自己有没有犯什么错误，后悔自己“做了不该做的事情”（action）而使得安稳的现状不能得以维持（Roese, Hur, & Pennington, 1999）。

2. 情绪态度

（1）情绪反应

在最终目标状态达成或没达成的情况下，不同的调节焦点会激发出个体不同的情绪类型（Brockner et al., 2001; Higgins et al., 1997）。促进焦点的人会体验到高兴/沮丧（cheerful - dejection）：积极结果的出现（收获）会引发喜悦和高兴的情绪，积极结果没有出现（无收获）则会引起沮丧和失望的情绪。防御焦点的人会经历安定/焦躁（quiescent - agitated）：消极结果没有出现（无损失）会引起安定与平和的情绪，消极结果的出现（损失）则会引起生气和害怕的情绪。例如，促进焦点的人可能会为了涨工资而努力工作，所以涨工资会引起高兴，而没涨工资则会引起沮丧；相反，防御焦点的人可能会为了避免领导责骂而努力工作，所以没被责骂会带来安定的情绪，而遭受责骂则会烦躁不安。

当然，当面对成功或失败的情境时，情绪反应的强度还取决于个体的真实自我与目标自我在多大程度上存在差异，这种差异越大，个体的情绪反应也会越强烈（Strauman & Higgins，1988）。例如，当理想自我与真实自我的差异较大/小时，会引发较强的沮丧/高兴情绪，且这对于促进焦点的人尤为明显；当应该自我与真实自我的差异较大/小时，会引发较强的焦躁/安定情绪，且这对于防御焦点的人尤为明显（Higgins，1997；Higgins et al.，1997）。实证研究也表明，成功确实会为高促进焦点的人带来更强烈的正向情绪反应，失败则会为高防御焦点的人带来更强烈的负向情绪反应（Idson et al.，2000）。

此外，调节焦点也会影响个体情绪反应的发生速度。积极结果的出现/不出现会让高水平（相对于低水平）促进焦点的个体更快地产生高兴/沮丧情绪；而消极结果的出现/不出现则会让高水平（相对于低水平）防御焦点的个体更快地产生焦躁/安定情绪（Higgins，1997）。

（2）态度动机

很多学者发现，调节焦点可以较好地解释个体的动机差异和态度的形成。促进焦点的人关注达到理想的志向，即自己“想要”做的事情。他们基于自身的理想而非外部的压力去指导和调控自己的行为，会更容易感到身心愉悦，具有较强烈的内部动机。相反，防御焦点的个体关注实现应尽的职责，即自己“必须”做的事情。他们受到外部或者社会压力的驱动，希望实现自身的义务和责任，从而避免不必要的损失，具有较强烈的外部动机（Freitas & Higgins，2002）。

因此，促进焦点的员工对于组织的承诺更有可能通过一种自主的形式来表现，即情感承诺。而防御焦点的员工对于组织的承诺则更可能表现为基于义务或必需的形式，即规范承诺或持续承诺（Kark & Van Dijk，2007；R. E. Johnson，Chang，& Yang，2010）。实证研究表明，个体的调节焦点确实与组织承诺的类型相联系。员工的促进焦点与情感承诺的关系更为密切，员工的防御焦点与持续承诺的关系更为密切（Markovits，Ullrich，van Dick，& Davis，2008；Van Dijk & Kluger，2004），但规范承诺与两种调节焦点的关系强度并没有显著的差异（Markovits et al.，2008）。

此外，任何类型的动机都会不断地受到外部反馈的影响。研究表明，促进焦点个体基于渴求的内部动机，会由于积极结果的获得（成功）而得以维持，也会由于积极结果的未能获得（失败）而有所减少；防御焦点个体基于警惕的外部动机，会由于消极结果的出现（失败）而继续保持，也会由于消极结果的未出现（成功）而有所下降（Brockner et al.，2001；Idson et al.，2000）。

3. 决策倾向

（1）策略选择

在实现最终目标的过程中，无论是促进焦点的个体还是防御焦点的个体，都希望能够不断调控自己的行为、采取相应的策略，来达到现实状态和目标状态的统一。然而，不同调节焦点的个体所采取的行为策略是不同的（Higgins，1997）。促进焦点的个体为了更好地将真实自我与理想自我统一起来，以获得积极的结果，会采取趋近（approach）的策略来指导自己实际的感知和行为，让自己更加接近“想要成为的那种人”。

相反，防御焦点的个体为了将真实自我与应该自我统一起来，以回避消极的结果，会采取避免（avoidance）的策略来指导自己的感知和行为，防止自己不能成为“应该成为的那种人”（Brockner et al.，2001）。当然，防御焦点个体的这种避免策略不仅仅局限在应该自我。Lockwood等（2002）进一步指出，防御焦点的个体除了关注Higgins

(1997) 所提出的应该自我，还会努力避免自己成为恐惧自我（feared self)，即自己“害怕”成为的那一种人（如某些负面案例）。

因此，促进焦点的人更善于进行主动出击，不错失任何可以改善现状的机会，而防御焦点的人则更注重采取防范措施，避免引起任何失误的可能（Higgins，1997）。例如，在日常生活中，同样是针对“减肥”这一目标，促进焦点的人和防御焦点的人的策略是完全不同的。促进焦点的人会采取加强锻炼等趋近型的方式，而防御焦点的人则会避免去吃一些高热量的东西，来扫清自己实现“减肥”这一目标中的阻碍因素。

这一命题也得到了实验研究的支持。例如，Förster 等（1998）以客观的生理指标来测量个体的动机强度。他们发现，促进焦点的被试在完成理想和收获一类的实验任务目标时，会表现出更高水平的趋近动机，而防御焦点的被试在完成安全和保障一类的实验任务目标时，会呈现出更高水平的避免动机。

(2) 风险规避

无论是在日常生活中，还是在工作情境中，人们都经常会面临这样一个选择：是追求稳定，还是顺应变化？稳定一方面意味着安全和保障，但另一方面也可能造成保守和故步自封。变化意味着风险和不确定，但另一方面也可能带来成长和发展。追求稳定与适应变化在内容上相互对应，作为最基本的两种动机，对于人类的生存都起着非常重要的作用（Kark & Van Dijk，2007）。

以往的理论指出，人们失去某件物品所带来痛苦的程度，远比得到同样一件物品带来快乐的程度要大得多。由于损失（相对于收获）相同价值的物品会引起更为强烈的心理反应，人们通常会选择保持自己现有的东西或者现存的状态（即稳定），而不愿意放弃已有的东西或者接受新的选择（即变化）。这就是经典的“捐赠效应”（endowment effect；Thaler，1980）。

然而，调节焦点理论却表明，个体是偏好变化还是偏好稳定，其实取决于个体自身的调节焦点倾向。对于促进焦点的个体而言，判断结果好坏的标准是“有无成就”（Higgins，1997）。而成就在很大程度上意味着发展和改变，因此，促进焦点的个体对于变化持有更加积极的态度。他们愿意承受犯错误的代价，去冒险和尝试新的可能（Friedman & Förster，2001；Kark & Van Dijk，2007）。相反，对于防御焦点的个体而言，判断结果好坏的标准是“是否安全”（Higgins，1997）。安全在很大程度上意味着稳健和安定，因此，防御焦点的个体更喜欢凡事打“安全牌”，在生活中按照规矩行事，在工作中遵循领导的指示，从而尽可能地减少负面结果、不去犯错误（Friedman & Förster，2001；Kark & Van Dijk，2007）。

在 Crowe 和 Higgins（1997）的研究二中，被试需要去完成一项记忆测试。首先，被试会通过电脑程序看到第一组信息——20 个字母串。每个字母串由 5 个字母随机组成，没有任何字面意义。被试需要尽可能地记下这些字母串。接下来，被试会通过电脑程序看到第二组信息——另外 40 组字母串，并且在每个字母串出现的时候，回答自己是否在第一组信息中看到过同样的字母串。研究结果表明，在甄别和判断时，促进焦点组的被试更可能激进地回答“是”（认为自己在第一组中看到过相同的字母串），宁愿冒着风险去赌一把，也不想因遗漏任何一组匹配字母串而导致犯错（errors of omission），具有更强的冒险倾向。而防御焦点组的被试则更倾向于保守地回答“否”（认为自己在第一组中没有看到过相同的字母串），宁愿遗漏掉匹配的字母串，也不愿意由于冒失而犯错（error of commission）。

类似地，Liberman 等（1999）通过观察被试对于替代任务的选择，来探讨调节焦点对于个体变化/稳定偏好的影响。通常来说，当人们在完成一项连续性任务的时候，如果中途被打断，并且被要求去重新开始做一个替代性的任务，那么人们完成任务的动机会大大减少。然而，这一结论并非适用于所有的人。在系列实验中，Liberman 等（1999）中途打断正在完成连续性任务的被试，稍作休息之后，再让被试自主进行选择是继续完成之前被中断的任务，还是另外重新开始一项替代任务。五次实验的结果均表明，防御焦点组的被试更加偏好稳定，他们倾向于继续维持已经开展的任务，而不是去开始一项新的任务。相对而言，促进焦点组的被试则更愿意接受变化，选择开始一项新的任务。

由此来看，促进焦点的人确实乐于接受变化和冒险，防御焦点的人则愿意保持不变和稳定。但更为有趣的是，促进焦点的人的这种冒险性似乎同样也是可变的：虽然一开始倾向于冒险，但在获得收益后，他们却会变得相对保守一些（Zou，Scholer，& Higgins，2014）。与之相似，也正是由于防御焦点的人倾向于稳定不变，即便他们发现最初的决策可能有悖道德，往往也不会去调整（Zhang，Cornwell，& Higgins，2014）。一项针对人员甄选效果的研究还表明，相对于团队决策，高防御焦点的人在个人决策时会产生更强的评价偏差（Sassenberg et al.，2014）。

4. 行为表现

(1) 创新行为

在日常生活中，调节焦点与个体的创造力密切相关。在 Crowe 和 Higgins（1997）研究一的经典实验中，被试需要按照自己觉得合适的标准，对一堆蔬菜和水果进行分类。用于分类的标准完全由被试自行拟定，例如，可以根据蔬果的颜色、形状等不同来进行分类，也可以按照蔬果是否有籽来进行分类。研究者要求被试多次完成分类任务。结果表明，促进焦点的个体善于运用多样化的标准对蔬果进行分类，并且在每次任务中都倾向于采用不同的分类标准，从而更有创造性地完成任务。此外，当面临困难任务或者经历失败之后，促进焦点的人会较快地予以反应，并试图发现更多的解决办法，“越挫越勇”。相反，防御焦点的个体倾向于在每次任务中都使用同样的分类标准，而且他们往往会将蔬果分成很极端的两组（如绿/非绿；圆形/非圆形），从而减少犯错误的可能性。当面临困难任务或者经历失败之后，防御焦点的人会显得更为保守和警惕，倾向于“知难而退”。类似的结论在后续的研究中也有体现，如有研究发现，丰富的选择对于促进焦点的个体更有吸引力，而提供数量不太多的选择对于防御焦点的个体则更有吸引力（Zhang & Mittal，2007）。

此外，不同调节焦点类型的线索也会影响个体的创造力。保守型的防御焦点线索会促使个体注重质量而非创新，从而更加细心地排除不正确的方案；而探索型的促进焦点线索有助于记忆提取和创造性思考，让个体能更加积极地去寻找新颖的方案（Friedman & Förster，2001）。

在工作场所中，促进焦点与个体的创新绩效具有显著的正相关关系（Neubert et al.，2008；Wallace et al.，2009）。促进焦点的员工更可能采取创新和挑战性的方式去完成任务，他们善于提出更多的想法，不断地尝试新的方案，争取可能的机会，从而达到最理想的状态。而防御焦点的人害怕犯错误，更可能中规中矩地完成自己应该完成的基本任务，避免受到惩罚（Higgins & Spiegel，2004）。此外，促进焦点的个体还会更多地投入有发展成长意味的工作活动，例如，提高工作的质量和速度等，而防御焦点的个体则会将完成工作视为一种必须肩负的责任，重视规则和制度，防止消极结果的发生（Wallace & Chen, 2006；R. E. Johnson & Chang, 2008）。

有关领导调节焦点的研究还指出，促进焦点与探索式的领导行为正相关，这种领导以灵活、探索、尝试和创新为特征；而防御焦点与开发式的领导行为正相关，这种领导以产出、效率、推进和执行为特征（Tuncdogan, van Den Bosch, & Volberda, 2015）。领导的调节焦点也会间接作用于员工创造力，促进焦点的领导行为示范会激发员工的促进焦点、提升员工创造力，而防御焦点的领导行为示范则会激发员工的防御焦点、抑制员工创造力（尚玉钒，李磊，2015）。

（2）角色内/外绩效

实证结果表明，促进焦点与员工的生产率绩效、任务绩效具有显著的正相关关系，但与安全绩效呈显著的负相关关系；而防御焦点与员工安全绩效、任务绩效呈显著的正相关关系，但与生产率绩效呈显著的负相关关系（Neubert et al., 2008；Wallace & Chen, 2006；Wallace et al., 2009）。

进一步的研究还关注了调节焦点对两种目标导向（证明导向/学习导向）与绩效之间关系的中介作用。证明导向是指个体想要通过好的表现来证明自己能力、获得良好评价的目标导向，个体的促进焦点会中介证明导向与绩效之间的关系；学习导向是指个体对于高绩效的追求是为了增加自身能力、学习新技能，个体的防御焦点中介了学习导向和绩效之间的关系（P. D. Johnson, Shull, & Wallace, 2011）。

调节焦点还会影响员工的角色外绩效。Weber 和 Mayer（2011）认为，在人际交往中，不同调节焦点的个体所关注的信息有所差异，因此在运用这些信息解释他人的行为时，就会得出不同的答案、引发不同的情绪和行为，从而导致不同的人际交换结果。例如，促进焦点的个体会更多地关注人际交换的积极方面，持有更多的积极情绪，更容易与他人建立合作关系；而防御焦点的个体则会更多地关注人际交换的负面信息，容易焦躁不安，不善于建立合作关系。实证研究确实表明，促进焦点与个体的助人行为具有显著的正相关关系（Neubert et al.，2008；Wallace et al.，2009）。

有关求助行为的研究也得出了类似的结论。从求助方式来看，促进焦点的人在遇到困难时更倾向于独立型求助（向他人寻求解决困难的方法），而防御焦点的人则倾向于依赖型求助（直接求助他人解决困难）（Komissarouk & Nadler，2014）。从求助反应来看，高促进焦点的人通常更容易获得他人的支持，并表现出更高的回报和助人行为，而高防御焦点的人却较少支持他人或对他人的支持予以回馈（Gorman et al.，2012；Lanaj et al.，2012；Righetti & Kumashiro，2012）。

有关组织道德的研究还发现，调节焦点会影响员工的道德行为表现。促进焦点的个体偏好风险，更可能去实施不道德行为；防御焦点的个体偏好稳妥，不太可能冒险去进行不道德活动（Gino & Margolis，2011）。而有意思的是，虽然促进焦点的个体会实施更多的不道德行为，但与此同时，他们也会表现出更多正直的行为。学者们将这一现象用“互补道德”（compensatory ethics）来解释：为了维持良好的自我形象，人们在实施了不道德行为之后，往往会做出一些善良正直的行为来进行弥补。

5. 促进焦点 vs. 防御焦点

就调节焦点的主效应而言，实证研究和元分析均表明，促进焦点与积极工作结果密切相关，而防御焦点则更多地与负面工作结果相关联。这是否说明促进焦点在本质上就是积极的，防御焦点在本质上就是负面的呢？答案是否定的。虽然比起防御焦点，促进焦点体现了更多的成长和理想的内涵，但这并不意味着促进焦点比防御焦点更优越（Higgins，1997）。

实际上，两种焦点都包含了实现最终目标的有利因素，只是二者在策略上的表现形式有所不同（Scholer & Higgins，2008）。高水平的促进焦点可以激发个体为了接近目标而不懈地进取和努力，高水平的防御焦点会警醒个体在实现目标的过程中尽量避免一些障碍和险阻。例如，为了在某个截止日期之前完成一项工作任务，具有高水平促进焦点的个体会投入更多的时间让自己专注于任务，而具有高水平防御焦点的个体则会避免自己因为其他无关紧要的事情而分心（Lanaj et al.，2012）。

有关创业的研究很好地诠释了两种调节焦点对于创业成功的必要性（Brockner，Higgins，& Low，2004）。从推动创业成功的角度来看，一方面，促进焦点有助于创业过程中的创新产生。促进焦点的个体愿意尝试新鲜的事物、考虑新的可能性（Liberman et al.，1999），因此，他们往往会表现出更多的创新行为、提出更多可选择的方案（Brockner et al.，2001；Crowe & Higgins，1997）。另一方面，防御焦点有助于创业过程中的风险防范。高防御焦点的个体在选择方案时更为精确和细心，他们注重质量而非数量，会选择失败可能性最小的方案（Brockner et al.，2004）。

从承受创业失败的角度来看，由于失败与促进焦点是不相匹配的，失败可能会为促进焦点的个体带来更多的负面影响，如沮丧、失望和自弃等。相对而言，失败虽然会让防御焦点的个体更为焦虑，但这种焦虑与防御焦点在本质上是相匹配的，反而会促使防御焦点的个体提高警惕。很多研究表明，虽然焦虑从表面上看起来比沮丧更为明显，但沮丧往往比焦虑更为可怕（如沮丧的人往往比焦虑的人更容易自杀）。因此，只有同时受促进焦点和防御焦点驱动的创业者才能既为获得成功付诸努力，又能为承受失败做好心理准备。

2.3.5 基于调节匹配理论的交互效应

1. 调节匹配理论

虽然越来越多的实证研究检验了调节焦点的主效应，但是对于调节焦点影响效果的研究结论却并不一致。例如，一项实证研究发现，促进焦点与亲社会行为正相关（Neubert et al.，2008），但在另一项研究中，促进焦点与亲社会行为却并没有显著的关系（De Cremer，Mayer，van Dijke，Schouten，& Bardes，2009）；又如，在一项研究中，防御焦点与公民行为负相关（Wallace et al.，2009），但在另一项研究中，防御焦点与公民行为却没有显著的相关关系（De Cremer et al.，2009）。由此看来，调节焦点与个体态度和行为之间的关系很可能还受到其他情境因素的影响。

实际上，Higgins 早在 2000 年就提出了调节匹配理论（regulatory fit theory），他认为由于需求和关注点不同，与不同调节焦点个体相匹配的情境因素也不尽相同。调节匹配理论指出，在追求目标的过程中，每个人都希望去做一个好的决策。但到底什么才是“好”的决策呢？人们往往会从收益—成本的角度去考虑：好的决策应该是高收益的，即相比起其他备选方案具有更高的价值；好的决策应该是低成本的，即相比起其他备选方案更值得去投入。毫无疑问，这种对于收益—成本的最优化考量会让个体觉得“值得”，产生值得的价值感（value from worth）。

然而，Higgins（2000）认为事实远不止如此。他提出当人们在判断决策优劣的时候，虽然对收益—成本的考量非常重要，但决策本身与个体调节焦点的匹配程度也会影响个体对决策的价值评价。在追求目标的过程中，个体所选择的策略和方式如果符合自己的调节焦点，就会经历调节匹配。这种调节匹配会让个体觉得“对了”，从而提高个体对决策的价值评价，带来匹配的价值感（value from fit）。这种调节匹配的价值感不同于正确决策所带来的愉悦感，也独立于决策成本—收益本身所带来的结果价值（Higgins，2000）。相反，如果个体在实现目标的过程中，所选择的策略和方式与自己的调节焦点不匹配，则不会经历这种调节匹配价值感，对决策的评价也会更低。

因此，基于调节匹配理论，要想在实现目标的过程中感到舒服，做正确的事（追求最优化的结果）是远远不够的，还应该正确地做事（采用调节匹配的方式）。当然，调节匹配不仅仅是指调节焦点类型上的匹配，还包含调节焦点程度上的匹配。过高的渴求会让促进焦点的人过分的狂躁和强迫，而过高的警惕则会让防御焦点的人过度的惊恐和慌乱（Higgins，2000）。

总的来说，调节匹配理论提出了五个方面的内容。第一，人们会选择与自己调节焦点相匹配的方式去做事情。第二，当做事方式与个体的调节焦点相匹配时，个体追求和实现目标的动机会更为强烈。第三，当所做的决策与个体的调节焦点匹配度高时，个体对决策的预期会更好，而当所做的决策与个体的调节焦点匹配度低时，个体对决策的预期会更差。第四，当回顾过去的决策经历或者追求目标的过程时，个体对与自己调节焦点匹配程度高的决策或经历会有更为积极的感受，而对与自己调节焦点匹配程度低的决策或经历会有更消极的感受。第五，当一个事物与个体的调节焦点匹配程度高时，个体会赋予这个事物更高的价值评价，反之，则个体对于这个事物的价值评价会更低。

2. 调节焦点的交互效应

调节匹配理论得到了很多实证的支持。研究结果表明，当个体的调节焦点与外部信息和环境相匹配的时候，确实能够引发更强的舒适程度、更大的动机强度、更好的任务表现、更高的价值评价、更积极的态度感受和更有效的领导结果。

(1) 对舒适程度的影响

在追求目标的过程中，与自身调节焦点相匹配的外部信息会让人们认为自己是“对”的，所做的事情是有意义和值得的，因此感觉更为舒服。有关说服方式的研究表明，当说服方式与受众的调节焦点相匹配时，会让受众感到“对了”，这种感觉会有助于增强说服力（Cesario，Grant，& Higgins，2004；Cesario & Higgins，2008）。类似地，汪玲、林晖芸、逄晓鸣（2011）发现，当信息类型（积极或消极）与受众的调节焦点相匹配时，信息说服的效果最好。即使是对于不愉快的话题，如果在表达方式上注意调节匹配，也会提高信息传递的有效性。例如，当道歉方式与沟通对象的调节焦点相匹配时，道歉效果最好(郑雯，汪玲，方平，李迪斯，2015)。

此外，针对非言语信息的研究表明，促进焦点的人更容易接受富有激情的非语言风格，如更快的语速和手势、前倾的身体姿势、开放的移动。相反，防御焦点的人更容易接受保守警惕式的非语言风格，如更慢的语速和手势、微向后倾的身体姿势、较慢的移动等，调节匹配有助于提高信息传递有效性和说服力（Cesario & Higgins，2008）。

即便是仅仅让被试对未来的决策进行预想，与自己调节焦点相匹配的决策也会让被试感觉更好。这是因为在做决策的时候，人们往往会预想这个决策带给自己的感觉，并且倾向于选择让自己感觉舒服的决策（Freitas & Higgins，2002；Idson et al.，2000）。当然，这种舒适感并不仅仅停留在预想中。研究表明，决策与个体调节焦点的匹配程度也确实会影响人们在决策实施中真实感受到的愉悦程度。这也使得促进焦点的人更愿意去体验与渴求相关的行为，而防御焦点的人则更愿意去完成与警惕相关的行为（Freitas & Higgins，2002）。

（2）对动机强度的影响

当个体的调节焦点与任务性质相匹配时，能引起更强的动机。实验研究表明，当促进焦点的个体越接近达成收获型的积极目标时，他们的趋近动机就会越强烈，而防御焦点的个体则没有明显的反应；相反，当防御焦点的个体越接近达成防范型的消极目标时，他们的回避动机就会变得越强烈，而促进焦点的个体则没有明显的反应（Förster et al.，1998）。类似地，Förster 等（2001）还发现，在越接近目标时，有关成功的反馈信息会引起促进焦点个体更强的动机，有关失败的反馈信息会引起防御焦点个体更强的动机。此外，有关榜样的研究也表明，当人们被与自己调节焦点一致的榜样激励时，会激发出更强烈的学习动机，反之则激励效果不好（Lockwood et al.，2002）。

在组织情境中，当激励信息与个体的调节焦点相匹配时，最能激发个体的动机。例如，一项针对求职效能的研究发现，在求职过程中，求职者的求职效能感越高，其积极性和努力度越高，获得的面试机会也更多，反之亦然（Sun，Song，& Lim，2013）。但这一结论仅适用于高防御焦点的人。对于高促进焦点的人，求职效能感越低，他们越会付出更多努力去弥补自己的不足，反而容易获得更多的面试机会。又如，在谈判过程中，当感到上级的殷切期待和自己的重大责任时，防御焦点匹配（相对于促进焦点匹配）的谈判双方会取得更好的谈判成果（Peng et al.，2015）。再如，在组织管理中，赋予员工更多的机会、鼓励员工成长和发展的正向激励体制会激发促进焦点的个体更强的工作动机；相反，告诫员工要严谨细致、遵规守纪的负向激励体制则会激发防御焦点的人更强的工作动机（Brockner & Higgins，2001）。

(3) 对任务表现的影响

与调节焦点相一致的激励方式会让个体感受到调节匹配，引起更为积极的任务表现。Shah 等（1998）曾做过两项有趣的实验，来证明激励手段和调节焦点匹配对于绩效的影响。在研究一中，被试需要完成一项识别字母串的实验任务［类似于 Crowe 和 Higgins（1997）的研究二］。在开始任务之前，研究者对两组被试的激励手段（正向激励和负向激励）进行了操纵。在正向激励组中，研究者告诉被试，完成实验任务就可以获得 4 美元的报酬，并且任务完成质量高于某个标准（正确判断率超过 90%）的被试可以再多获得 1 美元。而在负向激励组中，研究者告诉被试，完成实验任务可以获得 5 美元，但任务完成质量低于某个标准（正确判断率低于 90%）的被试会被扣除 1 美元。结果表明，相对于调节焦点与激励机制不匹配的被试，调节焦点与激励操纵相匹配的被试（受正向激励的促进焦点、受负向激励的防御焦点）任务表现得更好。

遵循同样的思路，Shah 等（1998）在研究二中对实验任务稍微进行了一点改动，被试需要完成一项补充字母完成单词的测验任务。在这些需要填补的单词中，一半是红色的，表示如果填答正确则不会扣分，另一半是绿色的，表示如果填答正确就可以得分。被试最终的实验报酬取决于任务得分情况。结果表明，促进焦点的个体在完成绿色单词（基于得分的促进激励）的任务中表现更为出色，而防御焦点的个体在完成红色单词（基于扣分的防御激励）的任务中表现更为出色。这进一步证明，只有当激励方式和调节焦点一致时，个体的任务表现才能达到最好。

(4) 对价值评价的影响

调节匹配程度会影响人们的事后回顾和价值评价。促进焦点的个体会对有助于获得收益的决策或事物产生更好的评价，防御焦点的个体会对有助于避免损失的决策或事物产生更好的评价。

Higgins 等（2003）的一项经典实验证明了调节匹配对物品价值评估的影响。在这项实验中，待被试填答完理想自我、真实自我和应该自我等一系列问题后，研究者会告知被试，除获得承诺的实验报酬之外，他们还可以挑选一个额外的礼物：一个咖啡杯或者一只钢笔（咖啡杯明显比钢笔更贵且更讨人喜欢）。在做选择之前，一半的人被要求去想一下选择两者各自的好处是什么（强调收获组），另一半的人被要求去想一下如果不选择两者各自的损失是什么（强调损失组）。当然，大多数被试最终都选择了咖啡杯。随后，这些被试需要去估计这个咖啡杯的价格。结果发现，相对于强调损失组的促进焦点被试，强调收获组的促进焦点被试对咖啡杯的价格估计明显更高。相反，相对于强调收获组的防御焦点被试，强调损失组的防御焦点被试对咖啡杯的价格估计明显更高。这一结果表明，调节匹配的价值确实会最终转换和表现为对结果的价值评价。

同样地，调节匹配也会影响个体对决策的评价。在决策过程中，一项方案的策略风格更容易吸引那些调节焦点与之相匹配的人，也就是说，激进的方案更容易得到促进焦点个体的好评，而保守的方案则更容易得到防御焦点个体的认可（Cesario et al.，2004）。因此，调节匹配对价值评价的影响也常被运用于提升产品广告效果。例如，Lee 和 Aaker（2004）发现，当广告标语的收获/损失指向与广告信息中的指向相一致时，更容易获得顾客的好评。

此外，调节匹配也会影响人际交往双方的相互评价。研究表明，评价者会更加青睐那些求职信表述与自己调节焦点相匹配的应聘者（Hamstra，van Yperen，Wisse，& Sassenberg，2013）。但调节匹配对人际评价的作用也是双向的。Hamstra 等（2013）进一步发现，如果初始印象好，调节匹配确实会增强人际双方的喜爱程度，但对于最初就不喜欢的对象，调节匹配反而会加强这种不良印象。

（5）对态度感受的影响

调节匹配会影响员工的满意度和公平感。实证研究表明，当职业不成功时，相对于促进焦点的员工，防御焦点员工的工作满意度会受到更强烈的负面影响（Ferris et al.，2013）。有关公平的研究表明，即使是对于一些让人不太愉快的事件，如果在表达方式上能够与接收者的调节焦点相一致，那么接收者所感受到的公平感也会更高（Li et al.，2011）。

此外，公平理论提出了两种公平：过程公平和分配公平。一般来说，当两种公平都低时，会引发个体最负面的反应，而如果其中任何一种公平较高的话，则会让个体觉得相对舒服和公平一些，并且更愿意去接受。长期以来，这样的交互效应在公平相关文献中是被广泛接受的。但近期的研究发现，这两种公平的交互项对于总体公平感的影响，其实还取决于个体的调节焦点：对于促进焦点的个体来说，上述交互效应是成立的。但对于防御焦点的个体来说，过程公平但结果不公平的待遇会引起他们最强的不公平感和负面情绪（Cropanzano，Paddock，Rupp，Bagger，& Baldwin，2008）。这是由于防御焦点的人关注防止损失、做自己应该做的事情。在程序公平的情况下，如果最终结果并不好，则会让防御焦点的人觉得是自己的能力出了问题，引起严重的自我威胁感，进而引起更大的负面情绪。

（6）对领导效果的影响

某些特定的领导风格与不同的调节焦点更为匹配，从而达到更好的领导效果。例如，自我牺牲领导（self－sacrificial leadership）责任感较强，关注保护团队的利益，能够激发防御焦点的员工实施更多的亲社会行为（De Cremer et al.，2009）。又如，促进焦点的领导者更能激发那些有理想和信念的员工实现高绩效，而防御焦点的领导者则更能激发那些对自我能力持有既定要求的员工实现高绩效（Sue - Chan，Wood，& Latham，2012）。

有关愿景领导（visionary leadership）激励方式的研究表明，下属导向（相对于控制导向）的愿景领导有助于下属建立和实现理想自我，从而提高绩效，并且这一影响对于促进焦点的员工来说更为强烈（Stam，van Knippenberg，& Wisse，2010a）。此外，促进导向的愿景领导对于促进焦点的员工、防御导向的愿景领导对于防御焦点的员工而言，能够发挥最优的领导效果，促使员工获得高绩效。并且无论员工的调节焦点是长期特质还是实验情境激发的即时状态，这一研究结论都同样成立（Stam，van Knippenberg，& Wisse，2010b）。

针对交易型和变革型领导的研究发现，变革型领导会显著提升促进焦点员工的工作动机和绩效，并获得员工更积极的评价；相对地，交易型领导对于防御焦点员工具有更好的激励效果（Benjamin & Flynn，2006；Hamstra et al.，2014）。此外，当变革型领导（相比起交易型领导）向下属描述组织面临的困境时，低促进焦点的下属会实施更多的非道德亲组织行为（Graham，Ziegert，& Capitano，2015）。

2.3.6 调节焦点理论的贡献

调节焦点的提出对于相关理论的发展具有重要的意义。调节焦点理论在很大程度上扩展了享乐主义原理、超越了趋近—避免动机理论、修正了行为决策理论。此外，后续的调节匹配理论提出了个体调节焦点与情境因素匹配的观点，对于已有的期望理论也是一种发展和补充。

1. 超越了享乐主义原理

几个世纪以来，享乐主义原理（hedonic principle）作为基本的动机理论，一直在心理学中占据着主导地位。经典的享乐主义原理认为，每个人生来就在不断地追求快乐和避免痛苦，趋利避害这一基本的动机始终主宰着人们的行为。然而，享乐主义原理并没有深入地探讨不同的人会采取怎样的方式来趋近快乐和远离痛苦。基于此，调节焦点理论进一步指出，由于潜在的自我调节倾向不同，人们会采取不同的策略去追求快乐和远离痛苦，面对相同情境时也会有不同的反应（Higgins，1997，1998）。

这也在很大程度上解释了这样一些现象：在追求快乐和避免痛苦的过程中，为什么有的人更注重抓住机会（促进焦点的人），有的人更关注避免失误（防御焦点的人）？在获得成功时，为什么有的人欣喜若狂（促进焦点的人），有的人却淡然接受（防御焦点的人）？在面对失败时，为什么有的人伤心沮丧（促进焦点的人），有的人却焦虑不安（防御焦点的人）？调节焦点理论的提出让人们可以更好地去探索不同调节焦点对于个体行为的独立作用，并且更为具体地阐明了不同的人会怎样选择不同的策略来追求快乐和远离痛苦。

2. 发展了趋近—避免动机理论

同属于有关个体趋利避害的动机理论，调节焦点与趋近—避免动机理论（approach - avoidance theory）有很强的相似性。趋近—避免动机理论指出，努力趋近积极结果、避免消极结果，是人们基本的行为动机。这一理论从最终目标的视角出发，根据对不同结果（积极或消极）的侧重来区分趋近或避免的动机。

虽然调节焦点理论同样指出，不同调节焦点的人对于积极或消极结果的关注程度不同，但真正用来区分不同调节焦点的标准并非不同结果（积极或消极）本身，而是不同调节焦点个体的本质需求和实现方式。趋近积极结果的动机既有可能是促进焦点的，也有可能是防御焦点的。同样，避免消极结果的动机既有可能是促进焦点的，也有可能是防御焦点的。以考试成绩为例，同样是为了趋近取得好成绩这一积极结果（或避免考试不及格这一消极结果），促进焦点的个体会花更多的时间去复习功课，而防御焦点的个体则可能会尽量避免自己在复习的时候分心。

因此，在调节焦点理论体系中，行为目标层次和行为策略层次的趋近—避免动机是相互独立的。趋近积极/避免消极的目标动机在策略上既可能是趋近的（促进焦点），也可能是避免的（防御焦点）。相对于趋近—避免动机理论，调节焦点理论能够涵盖更一般的情境范畴（P. D. Johnson et al.，2015）。

3. 修正了行为决策理论

调节焦点理论对行为决策理论（behavioral decision theory）做出了重要的修正和补充。经典的行为决策理论提出了“捐赠效应”，认为一定量的损失引起的效用降低要远大于相同量的收益带来的效用增加（Thaler，1980）。例如，丢失10元钱带来的不舒服感大小，会远远大于得到10元钱带来的舒服感大小。因此，行为决策理论认为，人们在决策过程中，对“避害”的考虑要远大于对“趋利”的考虑。然而，调节焦点理论却发现，并不是所有的人都将损失看得比收获重要，人们对于利与害的关注程度会极大地受到自身调节焦点的影响（Liberman et al.，1999）。

4. 补充了期望理论

Vroom（1964）的期望理论认为，个体对成功完成任务可能性的期望（expectancy）和完成任务所能带来的效价（valence）会共同影响个体完成任务的动机，即动机＝预期×效价。具体来说，当完成任务的效价较高时，个体对成功完成任务的期望与动机的正相关关系更强；当完成任务的效价较低时，个体对成功完成任务的期望与动机的正相关关系更弱。

然而，Shah 和 Higgins（1997）的一项实验研究却表明，其实个体的动机水平除了受到预期和效价的共同影响，还取决于个体自身的调节焦点。在这项实验中，Shah 和 Higgins（1997）想考察被试在多大程度上愿意去选择某一门专业课程。他们对修得学分的期望与课程的效价进行了 2×2 的实验操纵，结果表明，对于促进焦点的被试来说，期望与动机成正相关，而且当效价越高时，这种正相关关系越强。因此，期望理论中所描述的变量关系适用于促进焦点的个体。

然而，对于防御焦点的被试来说，期望与效价的交互项对于选课动机的影响却恰恰相反，当目标效价较低时，期望与动机之间才会有较强的正相关关系。这一结果是经典的期望理论所难以解释的。其实，这是由于防御焦点的个体以安全和保障为目标（Higgins，1997），他们会尽量防止一切不必要的风险，去做应该做的事情，达到明确要求的责任和职责。在 Shah 和 Higgins（1997）的实验中，当任务目标的效价较高时，任务目标对于防御焦点的被试来说，就变成了一种应该且必须要达到的要求。无论成功期望是高还是低，防御焦点的被试都会怀有强烈的动机。相反，只有在效价没有那么高的时候，防御焦点的被试才不会将目标视为一种“必需”，这时候，期望和动机才会呈现出正相关的关系。

2.3.7　小结

本节从个体所关注的需求、目标和结果阐明了调节焦点的本质，说明了其属性特点和维度关系，并且回顾了现有的测量工具和经典的操纵方法。调节焦点既可以被视为长期的个人特征，也可以被视为短暂的情境状态。本研究关注的是个体的长期调节焦点倾向，探讨不同调节焦点员工的沉默机制差异。

进一步地，本节从感觉认知、情绪态度、决策倾向和行为表现4个方面总结了调节焦点的主效应，并基于调节匹配理论，梳理了情境因素与调节焦点交互项的影响，以更好地支持后续的假设推导。图2-6更清晰地呈现了调节焦点相关研究的脉络。

虽然很多研究都表明，调节焦点对于个体的态度和行为具有良好的解释效力，但目前仍较少有学者将调节焦点理论应用于员工沉默行为的研究中。本研究将调节焦点作为影响员工沉默行为的重要变量，是一次全新的尝试。

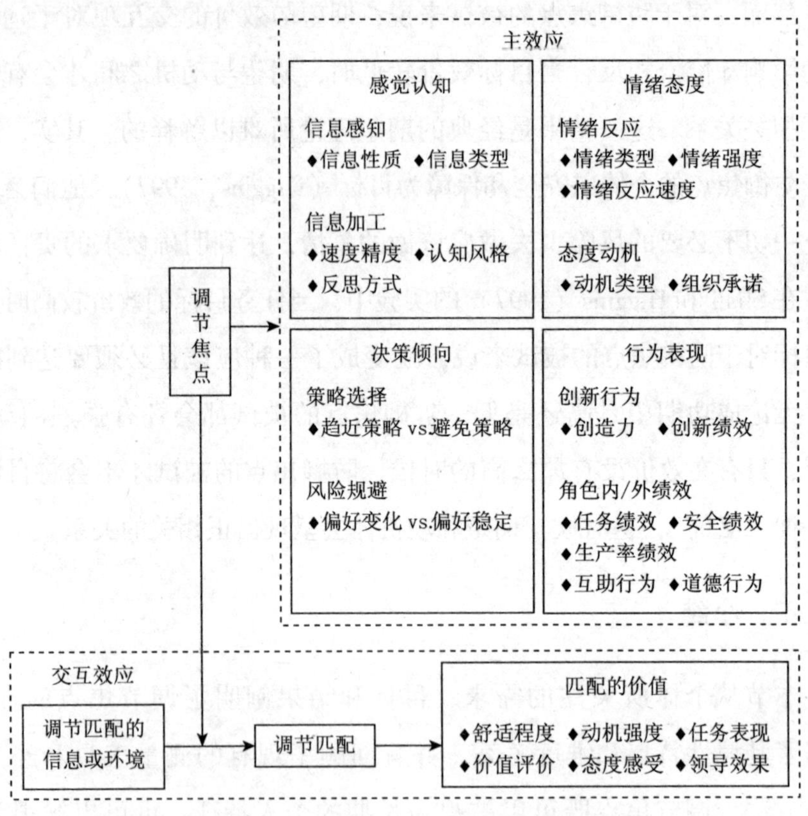

图2-6 调节焦点的主效应与交互效应

第3章　理论与假设

3.1　理论基础

本研究基于社会信息加工理论和调节焦点理论，同时考虑了来自领导和员工的因素，来探讨员工沉默行为的影响因素和作用机制。

一方面，基于社会信息加工理论，人们的认知判断在很大程度上会依赖于自己身边的社会线索（social cues），例如，周围人的行为和想法（Salancik & Pfeffer，1978）。通过这些社会线索，人们可以了解到什么样的态度和反应是合乎时宜的、能够被周围环境接受的，从而指导和调整自己的行为。对于组织中的员工来说，领导是自己所处环境中最重要的线索之一，并且最有可能成为意见和建议的直接接收者和处理者（Loi，Lai，& Lam，2012；Milliken & Lam，2009）。因此，当员工决定是否采取沉默行为的时候，领导的态度倾向具有重要的作用。基于此，本研究首先考察了领导权力距离倾向对员工沉默行为的影响，并且检验了这一影响的两个中介机制。

另一方面，调节焦点理论指出，人们对于外部情境的敏感程度和反应倾向并不尽相同（Higgins，1997，1998）。当情境因素与个体的调节焦点水平相匹配时，会对个体的态度感受、动机强度和行为表现产生更为强烈的影响（Higgins，2000）。因此，在组织管理中，同一个领导对于不同调节焦点水平的员工所产生的影响也会有所不同。基于此，本研究进一步探讨了员工的调节焦点会如何影响领导权力距离倾向对员工沉默的作用机制。

3.2 领导权力距离倾向与员工沉默行为

本研究从领导对员工建议或意见的寻求意愿和处理方式两个方面来具体阐述领导的权力距离倾向对员工沉默行为的影响。

一方面，权力距离倾向会影响领导对员工意见或建议的寻求意愿。

首先，高权力距离倾向的领导更可能认为员工没有什么意见或建议可说，因此，没必要去询问员工的想法。Bochner 和 Hesketh（1994）的民族文化研究表明，高权力距离倾向个体的人性假设基于 X 理论，即所有的人都是懒惰的。在高权力距离倾向的人看来，上下级关系是一种高度的依附关系，下属只是上级指令的实施者而已。因此，高权力距离倾向的领导更可能认为，领导与员工的关系是一种基于交换的经济关系。如果没有来自组织的要求和指令，员工是懒于主动提出意见和为组织做出贡献的。相反，低权力距离倾向的领导更愿意视员工为积极的、平等的，不会先入为主地认定员工是没有想法的。

其次，即使发现员工有话可说，高权力距离倾向的领导也不习惯去寻求员工的意见或建议。高权力距离倾向的个体更加注重工作任务本身（任务导向），而不那么关注人际维护与沟通（人本导向）（Bochner & Hesketh，1994）。因此，持有高权力距离文化价值观的领导具有更强的结构导向（initiating structure），他们更愿意与下属建立一种正式的、非个人化的关系。此外，高权力距离倾向的人认为，领导对下属、下属对领导的交流方式应该是截然不同的。他们在日常管理中与下属的交流是单方面垂直向下的，不喜欢去询问下属的意见（Bochner & Hesketh，1994）。一些研究还发现，寻求反馈信息会让权力距离倾向较高的人感到不舒服（Hwang & Francesco，2010）。相反，低权力距离倾向的领导更加关注与下属发展人性化的人际交往关系，能接受与下属更为亲近的关系（Tyler et al.，2000），从而会对下属的言论持有更为开放和支持性的心态。

最后，高权力距离倾向的领导更可能认为来自员工的信息是没有太大价值的。通常来说，低权力距离倾向的领导对他人的判断来自于对他人行为的细致观察。相反，高权力距离倾向的领导更为自我，更少会去注意到别人，他们的社会认知更多地基于刻板印象而非准确的他人信息。当高权力距离倾向的领导管理团队的时候，他们更可能把自己视为优越的主宰者，把下属的努力看得一无是处（Keltner，Gruenfeld，& Anderson，2003）。此外，高权力距离倾向的领导还会觉得自己所处的组织地位较高，比起组织地位较低的员工来说，自己完全可以了解更多有效的组织信息（Morrison & Milliken，2000）。因此，即使需要从他人那里寻求意见和建议，高权力距离倾向的人也更愿意去询问与自己平级的同事而非下属（Sully de Luque & Sommer，2000）。

由上所述，从信息寻求的角度来看，相对于低权力距离倾向的领导，高权力距离倾向的领导更不重视、不习惯、不愿意从员工那里去寻求意见或建议，从而更有可能引起员工的沉默行为。

另一方面，权力距离倾向会影响领导对员工意见或建议的处理方式。

首先，比起低权力距离倾向的领导，高权力距离倾向的领导更可能认为，自己应该有能力在不询问下属意见的情况下，做出最优的决定（Earley & Erez，1997；Keltner et al.，2003）。即使是下属确实提出了有用的想法，采纳下属的建议或意见也会严重威胁高权力距离倾向领导对自己的能力评价。因此，高权力距离倾向的领导更愿意依赖自己的决定，而不会去采纳下属的意见或建议。

其次，员工的意见或建议更可能受到高权力距离倾向领导的负面评价。通常来看，低权力距离倾向的领导提倡员工在决策制定的过程中拥有平等的话语权（Brockner et al.，2001），他们愿意通过软性温和的管理方式，与下属之间建立起一种相互的信息反馈和交流途径（Sully de Luque & Sommer，2000）。因此，表达意见或建议的员工更可能受到低权力距离倾向领导的认可。相反，高权力距离倾向的领导更容易认为，自己比员工更加优越和明智，应该有权力独自做出决定（Begley et al.，2002）。在组织中，问题的解决方法应该来自于领导，下属的责任仅仅是服从领导的直接指令，而不应该超越自己的工作角色（Javidan et al.，2006）。因此，在高权力距离倾向的领导眼里，员工提出意见或建议是超越本职工作的多此一举，会给领导留下不好的印象。

最后，高权力距离倾向的人认为，领导对下属具有相当大的控制力，因此在和下属打交道时，需要善于运用职权（Dorfman & Howell，1988）。一旦领导制定好决策，出于对权威的畏惧和尊重，下属就应该表示出对决定的信任、欣赏和赞同，并且无条件地服从和执行（Hofstede，1991；Javidan et al.，2006）。同时，高权力距离倾向的领导认为，内部的团结共识是组织健康稳定的标志，员工们应该尽量避免在组织中发生争议（Hofstede，1991；Morrison & Milliken，2000）。因此，高权力距离倾向的领导更容易将下属的言论和看法视为对权威的蔑视和不满，表现出更强烈的抗拒倾向（Brockner et al.，2001）。

由上所述，从信息处理的角度来看，相对于低权力距离倾向的领导来说，高权力距离倾向的领导更可能把员工的言论视为对自己能力的质疑、对本职工作的超离、对领导权威的挑战。他们这种对于员工意见或建议的排斥会极大地增加团队中的员工沉默行为。

此外，从效仿的角度来说，根据社会学习理论，员工与自己的直接领导接触最多，很容易将其视为效仿对象。高权力距离倾向的领导者通常也不会向自己的上级提出意见或建议，这一行为也很可能被其下属效仿。因此，在高权力距离倾向领导的团队中，员工更可能保持沉默。

假设1：领导权力距离倾向与员工沉默行为具有正相关关系。

3.3 建言有用感和心理安全感的中介作用

组织中的情境因素之所以能够影响员工的沉默行为，是因为不同的情境因素会激起员工不同的心理反应（Greenberg & Edwards，2009；Milliken et al.，2003；Morrison，2011）。因此，为了更加深入地探讨领导权力距离倾向对员工沉默行为的影响机制，本研究进一步检验了员工的心理感知对领导权力距离倾向与员工沉默行为之间关系的中介作用。

由于发表意见和分享信息并不是工作职位所要求的角色内行为（Van Dyne & LePine，1998），因此，当员工拥有与组织改进和发展的相关信息时，会事先思考自己是否应该向组织表达想法。这个思考的过程实际上是在衡量发表意见可能引起的利弊，即对建言的潜在收益和潜在损失进行预期计算（expectancy like calculus；Detert & Burris，2007；Milliken et al.，2003）。这样的预期计算通常包括两个关键性的内容（Ashford，Rothbard，Piderit，& Dutton，1998；Milliken et al.，2003；Morrison & Rothman，2009）：

第一，对建言有用性的预期，即自己的建议或言论是否会被领导接纳？如果发表的意见或建议被管理者接受和采纳，员工很可能会因为发表言论而得到收益。这些潜在的收益既包括一些正式的奖励，如奖金、职位晋升等，也包括一些非正式的奖励，如领导的认可和关怀、组织地位的提升等。因此，感知到的建言有用性会直接影响员工对潜在收益的计算，是考量员工沉默行为的重要心理中介变量。

第二，对建言风险性的预期，即自己发表言论之后，别人（包括领导和同事）将怎么看待自己，会不会留下不好的印象？发表意见或建议可能不仅得不到管理者的接纳和认可，反而会使员工遭到损失。这些潜在的损失既可能涉及职场生存，如身体伤害、降职开除，也可能涉及人际关系，如遭到人际排斥、言语侮辱、打击报复、社会地位受到威胁等（Detert & Burris，2007）。只有当建言的潜在风险较低时，员工才会有更强的动机去表达自己的想法，反之则会选择保持沉默（Detert & Burris，2007；Milliken et al.，2003）。因此，感知到的建言安全性会直接影响员工对潜在损失的计算，是考量员工沉默行为的另一个重要的心理影响因素。

因此，本研究检验了建言有用感和心理安全感对领导权力距离倾向和员工沉默行为之间关系的中介作用。

建言有用感是指员工对自己的言论在多大程度上会被关注和接纳的感知（Burris et al.，2008；Milliken et al.，2003；Morrison & Rothman，2009）。高水平的建言有用感代表着员工相信自己的见解或看法会得到领导的关注或认可；相反，低水平的建言有用感则代表着员工认为自己的意见或建议得不到重视，说了也是白费精力。

由上文所述，从信息寻求的角度来看，高权力距离倾向的领导并不关注和积极征询员工的意见，并且更容易认为员工的意见是没有什么价值的（Keltner et al.，2003）。在这样的领导下，员工会觉得自己其实根本没有话语权，即使有机会将意见或建议表达出来，领导也不会去关注。此外，从信息处理的角度来看，高权力距离倾向的领导无论是出于相信自身能力还是保护自己权威的考虑，都不愿意去采纳下属的建议。因此，员工更容易认为高权力距离倾向的领导根本不需要自己的建议。即使自己的意见或建议是正确的，也很难被领导采纳，说了也相当于没说，从而保持沉默。

心理安全感是指员工对自己所处环境的安全感知（Ashford et al.，1998；Edmondson，2003）。高水平的心理安全感代表着员工相信自己不会受到伤害；反之，低水平的心理安全感则代表着员工认为自己很容易招致风险。

通常来讲，员工的意见或建议会或多或少地包含对于现状的批判，或者牵连一些相关的负责人员（如领导本人）（Detert & Burris，2007）。特别是对于高权力距离倾向的领导而言，下属的意见或建议看起来更像是对领导能力或者组织有效性的一种批评，让领导觉得很没有面子（Sully de Luque & Sommer，2000）。当顾虑到自己的言论很可能会让高权力距离倾向的领导没面子或尴尬时，大多数员工会选择保持沉默（Detert & Edmondson，2011）。当然，除损伤领导的面子之外，一种更为糟糕的建言结果是，高权力距离倾向的领导极可能将员工意见视为对自己权威和能力的挑战。这样一来，发表言论很可能会为员工招致一些损害，如遭到领导的打压报复等。因此，在高权力距离倾向的领导团队中，大多数员工都会出于安全的考虑，尽量避免挑战领导的权威，选择抑制自己的言论。

假设2a：员工的建言有用感会在领导权力距离倾向与员工沉默行为之间的关系中起中介作用。

假设2b：员工的心理安全感会在领导权力距离倾向与员工沉默行为之间的关系中起中介作用。

3.4 调节焦点对间接关系的调节作用

根据调节焦点理论，不同类型调节焦点的个体所敏感的信息和关注的目标有所不同（Higgins，1997，1998）。促进焦点的个体对积极信息更为敏感，他们关注怎样去追求和达到理想的结果，更在意自己能否有所收获；而防御焦点的个体对消极信息更为敏感，他们关注如何避免不良状况的发生，更在意自己是否会有所损失（Förster et al.，2001；Van Dijk & Kluger，2004）。

在本研究中，建言有用感反映了员工对于自己言论能否被领导接纳的判断。如果言论被领导采纳（高建言有用感），则很可能得到领导的赏识、认可和嘉奖甚至晋升等一系列收获，而如果言论未被领导采纳（低建言有用感），则不能得到想要的收获。建言有用感所蕴含的这种“收获/无收获”目标状态是促进焦点类型的个体所关注和敏感的。因此，在员工基于领导权力距离倾向判断自己的建言是否有用，从而决定自己是否要保持沉默这一连串的认知过程中，促进焦点（相对于防御焦点）更可能会产生重要的调节作用。

另一方面，心理安全感代表了员工对自己言论是否会引起负面影响的感知。如果发表言论不会带来负面影响（高心理安全感），那意味着避免了可能的损失，而如果发表言论会引起打击报复等负面结果（低心理安全感），则意味着出现了不必要的损失。心理安全感所蕴含的这种“无损失/损失”目标状态恰恰是防御焦点类型的个体所重视和关心的。因此，在员工基于领导权力距离倾向判断自己的建言是否安全，从而决定要不要保持沉默的认知过程中，防御焦点（相对于促进焦点）更可能发挥关键的调节作用。

遵循以往研究者关于单独检验两种调节焦点的调节作用的建议（R. E. Johnson，Chang，& Yang，2010），本研究分别探讨了促进焦点和防御焦点对于“领导权力距离倾向→员工沉默行为”间接效应的调节作用。一方面，本研究检验了促进焦点会如何调节建言有用感对“领导权力距离倾向→员工沉默行为”关系的中介作用；另一方面，本研究检验了防御焦点会如何调节心理安全感对“领导权力距离倾向→员工沉默行为”关系的中介作用。

1. 促进焦点的调节作用

为了更清楚地探讨调节变量对间接效应的影响，本研究根据 Edwards 和 Lambert（2007）检验调节和中介效应整合模型的建议，分别讨论促进焦点在“领导权力距离倾向→建言有用感→员工沉默行为”间接关系两个阶段的调节作用。

首先，促进焦点会加强间接效应第一阶段的关系（领导权力距离倾向→建言有用感）。相对于低促进焦点的个体而言，高促进焦点的个体更愿意去积极地探索和看待外界的环境（Liberman et al.，1999）。在实现理想目标的过程中，高促进焦点的个体将外部环境视为维持自我发展和成长的资源，更加关注周围的社会信息（Lee，Aaker，& Gardner，2000）。因此，在考虑是否保持沉默的决策过程中，比起低促进焦点的员工，高促进焦点员工对于领导的行为倾向会更为敏感，对自己的意见和建议是否有用的感知会更强烈地受到领导权力距离倾向的影响。

同样，促进焦点也会加强间接效应第二阶段的关系（建言有用感→员工沉默行为）。根据调节匹配理论，在追求目标的过程中，调节焦点与激励信息的匹配会激发个体更强的内部动机（Higgins，2000；

Shah et al.，1998）。由于促进焦点的个体追求最佳的状态（Higgins & Spiegel，2004），因此，相对于低促进焦点的员工，建言是否有用这一信息与高促进焦点的员工是更为匹配的。这种高度的调节匹配会引发高促进焦点的员工更强烈的内部动机，从而打破沉默。

总的来说，促进焦点会同时加强"领导权力距离倾向→建言有用感→员工沉默行为"间接效应两个阶段的关系。具体来说，低权力距离倾向的领导会引发高促进焦点（相对于低促进焦点）的员工更强烈的建言有用感，这种建言有用感进而会更有助于高促进焦点（相对于低促进焦点）的员工打破沉默。

2. 防御焦点的调节作用

以下按照同样的思路分别讨论防御焦点在"领导权力距离倾向→心理安全感→员工沉默行为"间接关系两个阶段的调节作用。

首先，防御焦点会减弱间接效应第一阶段的关系（领导权力距离倾向→心理安全感）。以往有关调节焦点和人际依赖的研究表明，高防御焦点的个体更加关注自身的有限信息，避免去接触外部的开放信息（Lee，Aaker，& Gardner，2000）。由于外部信息获取的局限性，比起低防御焦点的个体，高防御焦点的个体对于事物和环境的感知和判断更多地来源于自身内部，因而更加稳定。此外，高防御焦点的个体还喜欢关注具体的局部细节而非宽泛的整体信息，这种信息筛选的方式会妨碍他们对信息加工的过程，使得他们不仅不愿意接收新信息，而且倾向于把所有的情境都作为可能的威胁（Righetti，Finkenauer，& Rusbult，2011）。因此，相对于低防御焦点的个体，领导权力距离倾向这样的外部信息很难影响高防御焦点个体内在的安全感知。他们倾向于长期保持对外部环境的警惕，稳定地持有高水平的心理不安全感。相对而言，防御焦点水平较低的员工更可能由于外部的领导信息而改变内心的感受。

防御焦点同样也会减弱间接效应第二阶段的关系（心理安全感→员工沉默行为）。这是由于防御焦点较高的员工在任何情境下都非常注重采取防范措施，避免引起任何失误的可能（Higgins，1997）。高防御焦点的人害怕犯错误，更可能中规中矩地完成工作要求的基本任务（Higgins & Spiegel，2004）。相对于低防御焦点的个体，他们更迫切地希望防止最差的状况发生，所以在没有十足把握的情况下，高防御焦点的个体宁可不去改进和发展，也希望可以保持现有的状态。研究表明，高防御焦点的人为了避免可能的拒绝和伤害，在大多数情况下都会采取隐蔽、被动和冷漠的对抗策略，如保持沉默等（Ayduk，May，Downey，& Higgins，2003）。从这种意义上来说，回避和畏缩不仅仅是高防御焦点的人感知世界的方式，更是他们应对外部世界的行为策略。因此，高防御焦点的员工在任何心理状态或情境下，都会高度一致地选择稳健的行事方式，即保持沉默。他们宁愿错过建言带来的可能好处，也不想去承担本可以避免的损失。相对来说，低防御焦点的员工更可能根据不同的外部情境，遵循自己对建言安全性的判断，来做出是否应该保持沉默的选择。

总的来说，防御焦点会同时减弱“领导权力距离倾向→心理安全感→员工沉默行为”间接效应两个阶段的关系。具体地，相对于低防御焦点的员工，高防御焦点员工的不安全感和保守沉默的行为策略是稳定和持久的，更不容易受到领导权力距离倾向的影响。

假设3a：促进焦点会调节建言有用感对“领导权力距离倾向→员工沉默行为”关系的中介作用。对于高促进焦点的员工，建言有用感对“领导权力距离倾向→员工沉默行为”关系的中介作用更强；对于低促进焦点的员工，建言有用感对“领导权力距离倾向→员工沉默行为”关系的中介作用更弱。

假设3b：防御焦点会调节心理安全感对“领导权力距离倾向→员工沉默行为”关系的中介作用。对于高防御焦点的员工，心理安全感对“领导权力距离倾向→员工沉默行为”关系的中介作用更弱；对于低防御焦点的员工，心理安全感对“领导权力距离倾向→员工沉默行为”关系的中介作用更强。

本研究的整体研究模型如图3－1所示①。

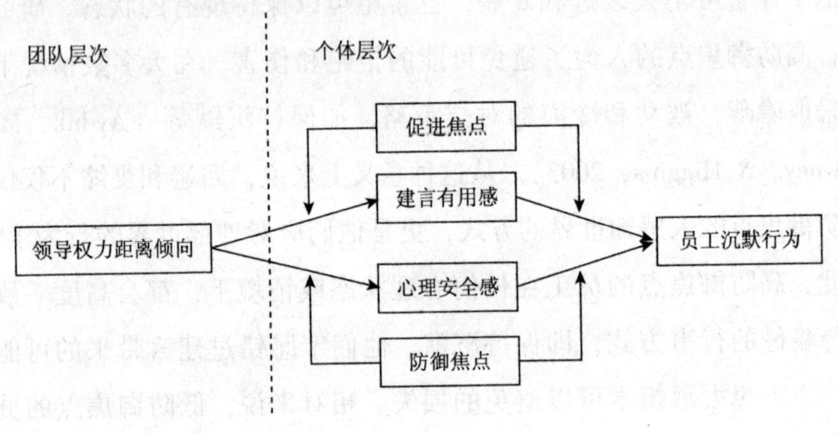

图3－1 研究模型

① 本书中研究模型与假设验证的部分内容经改动后发表：毛畅果（2016）. 员工为何沉默：领导权力距离倾向与员工调控焦点的跨层次交互作用. 心理科学，39（6）：1426－1433.

第4章 研究方法

4.1 程序与样本

本研究通过问卷调查的方式收集数据，用于检验研究假设。本研究关注组织中的员工沉默行为，样本均为在职员工。以往员工沉默行为研究的样本大多为单一组织的员工（如 Tangirala & Ramanujam, 2008），为了使样本更具有代表性，本研究的样本来自不同的行业，并且尽可能多地涵盖了不同年龄、工作年限、职位类别的员工。本研究通过来自不同企业的90位联系人来实施问卷调查。在调查前，研究者对各企业的联系人进行了集中培训，介绍了问卷调查的目的和背景，分发了所需的调查材料，并对样本选择和调查程序进行了指导。

本研究收集团队数据，调查参与者必须为同一团队的、受同一个领导者管理的员工，且每个团队至少包含3名成员。在调查前，参与者被告知所填的信息会完全保密，应尽可能按照最真实的想法填答，调查问卷中的测量内容包括调节焦点、心理安全感、建言有用感、沉默行为、直接领导权力距离倾向以及人口统计学信息。调查结束后，由各企业联系人将问卷交还给研究者。

来自83个团队的459名员工完成了调查问卷。研究者对回收问卷进行了废卷处理，将漏答过多、回答反应倾向太过明显、团队作答成员人数小于3人的问卷剔除。最终得到有效问卷447份，有效回收率为97.4%。有效数据来自82家不同企业的82个团队，团队成员数最小为3人，最大为10人，平均成员数为5.41人。所调查的82家企业的行业情况如下：商业服务业21家，占25.6%；公共服务（包括社区服务、医疗服务等）11家，占13.4%；金融业10家，占12.2%；信息技术业9家，占11.0%；教育业7家，占8.5%；建筑业5家，占6.1%；零售业5家，占6.1%；制造业5家，占6.1%；出版业3家，占3.7%；能源产业2家，占2.4%；房地产业2家，占2.4%；交通运输业2家，占2.4%。被调查者的平均年龄为28.23岁（$SD = 6.64$）；平均工作年限为6.19年（$SD = 6.03$）；男性128人，占28.6%，女性312人，占69.8%，未填性别7人，占1.6%；高中及以下学历34人，占7.6%，大专学历198人，占44.3%；大学本科学历185人，占41.4%，硕士或博士研究生学历13人，占2.9%，未填学历17人，占3.8%。

4.2 测量工具

本研究中的变量均采用已有的量表进行测量，这些量表被广泛用于管理学与心理学的研究中（包括中国文化情境下的实证研究，如Farh et al.，2007），具有较高的信效度。量表翻译遵循“翻译—回译”的步骤（Brislin，1980），由2名精通中英文双语的组织管理学领域的博士研究生进行翻译和回译，再由另外3名人力资源管理专家对翻译和回译版本进行对比和修改，确保中文翻译与量表原文所表达的意思一致。

问卷采用Likert量表6点计分法，请被调查者根据自己的实际工作情况或感受，选择对每项表述的同意程度（从“1——非常不同意”到“6——非常同意”）。

1. 领导权力距离倾向的测量

领导权力距离倾向的测量采用Dorfman和Howell（1988）编制的权力距离倾向量表，共6个题目。原量表用于个体对权力距离倾向的自我报告，具体题目如“领导应该尽量少询问员工的意见”“领导应该尽量避免与员工进行工作之外的来往”“领导不应该将重要的工作授权给员工”等。本研究中采用他评的方式，通过计算多名下属对领导权力距离倾向评分的平均值，来间接测量领导的权力距离倾向。

这样的测量方式是基于以下三方面的考虑：第一，权力距离倾向量表的题目表面效度较高，量表中的某些题目（特别是在中国情境下）可能会比较敏感。因此，通过他评的方式能够尽可能避免自我报告带来的社会赞许性问题，有助于减少可能的掩饰和偏误；第二，下属在与领导日常交往中不断地形成和强化对领导的感知，这种感知会极大地影响领导对员工的作用。因此，在关注领导对员工影响的研究中，员工被认为是评价领导行为的最佳人选（Spreitzer，Perttula，& Xin，2005）。第三，从本质上来看，权力距离是以弱势成员的价值体系为基础的（Hofstede，1991）。因此，从下属的角度来测量领导的权力距离倾向可以更为准确地反映领导的实际行为风格。

为了使题目的表达更适合下属来评价，本研究根据Chan（1998）的指代转换模型（referent - shift consensus model），对原量表题目的人称指代进行了调整。修改后的具体题目如“我的上司很少询问下属的意见”“我的上司避免与下属进行工作之外的来往”“我的上司不会将重要的工作授权给下属”。本研究中该量表的Cronbach's α信度系数为.90。

本研究使用团队多名成员对团队领导评分的平均值来代表该团队领导的权力距离倾向水平。为了检验团队成员对领导评分是否能够达到聚合的标准，本研究对组内一致性（within - group agreement）指标 $r_{wg(j)}$（James，Demaree，& Wolf，1984）和组间差异性（intra - class correlation）指标 ICC（1）和 ICC（2）（Shrout & Fleiss，1979）进行了检验。结果表明，以矩阵分布（rectangular distribution）为参照，本研究中团队成员对领导权力距离倾向评价的 $r_{wg(j)}$ 平均值为 .84，中值为 .88。86.7% 的团队 $r_{wg(j)}$ 在 .70 以上，一致性较好。ICC（1）和 ICC（2）分别为 .17 和 .54，组间方差显著（$F = 2.19$，$p < .01$），这说明团队间的差异可以解释成员对领导权力距离倾向评价 17% 的变异。根据以往学者的建议，在本研究中将团队成员评价聚合到团队层次上是合理和可行的（Bliese，2000；Lebreton & Senter，2008；Kozlowski & Klein，2000）。

2. 建言有用感的测量

建言有用感的测量采用 Burris 等（2008）的 3 个题目来测量员工在多大程度上认为自己的建议和意见是有用的。具体的题目为“在公司里，发表改进工作的意见完全是浪费时间”（反向题），“在公司里，提出新的做事方法是无用功”（反向题），“在公司里，即使我提出想法也不会改变什么”（反向题）。本研究中该量表的 Cronbach's α 信度系数为 .90。

3. 心理安全感的测量

心理安全感的测量采用 Edmondson（1999）开发的团队心理安全感量表，共 7 个题目。为了使题目更适合测量个体对于建言的心理安全感，按照以往学者的做法（如 Detert & Burris，2007），本研究对题目表述进行了调整。具体题目如“公司允许员工提出问题和质疑”“在公司中犯错误会受到指责”（反向题）。本研究中该量表的 Cronbach's α 信度系数为 .54。

4. 调节焦点的测量

调节焦点的测量采用 R. E. Johnson 和 Chang（2008）基于工作的调节焦点量表，共 12 个题目。其中，促进焦点的题目如“我希望在工作中充分发挥自己的潜力”，防御焦点的题目如“我关注自己在工作中的失败经历”。本研究中该量表两个分维度的 Cronbach's α 信度系数均为 .79。

5. 员工沉默行为的测量

由于本研究的目的在于探讨员工沉默行为的前因变量及其作用机制，在选用量表时应该避免使用一些包含了沉默动机或原因的测量题目（如“出于对组织的顺从，从而保留自己的意见”；Van Dyne et al.，2003）。因此，本研究采用 Detert 和 Edmondson（2011）开发的 5 个题目来测量员工的沉默行为表现。具体题目如“即使我知道如何去完善公司的工作政策，我也不会和领导说”“即使我知道领导和下属的沟通方式存在问题，我也不会提出来”。

此外，相比起其他直接表现出来的行为（如建言行为），员工沉默行为在表现上更加模糊和不明显，很难被旁观者察觉（Van Dyne et al.，2003）。通过旁观者来评价和报告的员工沉默行为，更可能反映的是旁观者的印象和对员工的归因（Tangirala & Ramanujam，2008）。例如，当员工沉默的时候，旁观者很可能会将沉默归因为员工没有什么说的，或者员工对现状的同意，而不会认为员工在刻意隐瞒自己的想法。即便是员工公开地表达了自己的同意，从旁观者的角度也很难区分员工是否压抑了自己的反对观点。因此，本研究通过自我报告的形式来测量员工的沉默行为。本研究中该量表的 Cronbach's α 信度系数为 .92。

6. 控制变量

以往的研究者认为，员工保持之所以沉默，很可能是因为员工本身并没有想法要去表达（Morrison & Milliken，2000；Van Dyne et al.，2003）。虽然本研究在对员工沉默行为的测量中已经强调了“即使我知道（建议/问题）”这一前提，但为了更彻底地排除员工因为没有想法而导致沉默行为这一解释途径，本研究将员工是否“有想法要表达”（having idea）作为控制变量。建言想法采用 Burris 等（2008）的 2 个题目进行测量，具体题目为“我有一些可以使公司变得更好的想法”“我有一些可以使我的工作完成得更好的想法”，Cronbach's α 信度系数为.82。

4.3 分析技术

本研究的调查数据是来自团队的嵌套数据（nested data），研究假设涉及对跨层次中介和调节效应的检验。因此，为了将个体层次的变异和团队层次的变异分离开来，本研究采用多层线性模型（hierarchical linear modeling，HLM；Raudenbush & Bryk，2002）分析软件 HLM 6.08 来检验假设。

为了保证对研究模型的精确估计，参照 Hofmann 和 Gavin（1998）对多层线性模型中变量中心化的建议，本研究在检验主效应和中介作用假设时，对所有个体层次变量（包括控制变量）和团队层次变量进行总均值中心化处理（grand - mean centering）。在检验调节和中介整合模型时，将团队层次变量（领导权力距离倾向）进行总均值中心化、将个体层次变量（调节焦点）进行组均值中心化（group - mean centering）来形成第一阶段跨层次的交互项，将个体层次变量（建言有用感、心理安全感、调节焦点）进行总均值中心化来形成第二阶段个体层次的交互项。

在检验假设之前，为了进一步确认员工沉默行为确实存在显著的组间差异，本研究检验了以员工沉默行为为因变量、不包含任何预测变量的空模型（null model），来分解因变量的组间方差和组内方差。结果表明，员工沉默行为的组内方差为1.15，组间方差为.13，组间方差显著［χ^2（81）= 133.61，p < .001］。根据组内相关系数公式（interclass correlation coefficient formula；Hofmann，Griffin，& Gavin，2000），员工沉默行为10.2%的变异来自于组间。因此采用HLM来检验本研究中的假设是合适的。

第5章　分析结果

5.1　描述性统计与相关系数

本研究中主要变量的平均值、标准差、相关系数和信度系数如表5-1所示。结果表明，员工的沉默行为与年龄、性别、学历和工作年限均没有显著的相关性。因此，并没有充分的理由认为年龄、性别、学历和工作年限会影响员工的沉默行为。根据以往学者的建议，为了避免随意放入控制变量对研究结果造成污染（Becker，2005；Spector & Brannick，2011），本研究后续的回归分析中不会将这4个人口统计学变量作为控制变量。

相关分析结果表明，沉默行为与员工的建言想法（$r=-.27$，$p<.01$）、促进焦点（$r=-.32$，$p<.01$）、建言有用感（$r=-.65$，$p<.01$）和心理安全感（$r=-.37$，$p<.01$）具有显著的负相关关系，与防御焦点（$r=.23$，$p<.01$）和个体感知的领导权力距离倾向（$r=.42$，$p<.01$）具有显著的正相关关系。

本研究的中介变量（建言有用感和心理安全感）、调节变量（调节焦点）和因变量（员工沉默行为）分别属于反映个体心理感知、人格特质和内隐行为的构念。因此，对这些研究变量的测量均来源于被调查者的自我报告数据。为了尽可能地排除同源数据对研究结果的可能

表5-1 变量的描述性统计、信度系数与相关系数

	M	SD	1	2	3	4	5	6	7	8	9	10	11
1. 年龄	28.17	6.75											
2. 性别	1.71	.47	-.13**										
3. 学历	3.41	.69	-.13**	.01									
4. 工作年限	6.19	6.03	.88**	-.09	-.16**								
5. 建言想法	4.20	.90	.08	-.10*	.09	.07	(.82)						
6. 促进焦点	4.86	.74	.05	-.01	.05	.04	.33**	(.79)					
7. 防御焦点	3.98	.90	-.09	.10*	-.02	-.08	-.02	.16**	(.79)				
8. 领导权力距离倾向	3.03	1.08	.09	.00	-.06	.08	-.04	-.18**	.06	(.90)			
9. 建言有用感	3.01	1.26	.01	-.07	.06	.00	.22**	.25**	-.29**	-.44**	(.90)		
10. 心理安全感	3.79	.64	.05	-.13**	.04	.03	.22**	.31**	-.20**	-.44**	.50**	(.54)	
11. 员工沉默行为	2.82	1.13	-.09	.07	-.02	-.08	-.27**	-.32**	.23**	.42**	-.65**	-.37**	(.92)

注：$N = 447$；性别：1 = 男，2 = 女；学历：1 = 高中及以下，2 = 大专，3 = 大学本科，4 = 硕士或博士；* $p < .05$，** $p < .01$，双尾检验。

污染，根据 Podsakoff，MacKenzie，Lee 和 Podsakoff（2003）的建议，本研究对个体层次的同源数据进行了 Harman's 单因子检验。采用主成分分析（principal component analysis），未转轴的因子分析结果表明，解释效力最大的因子仅能够解释所有条目 25.2% 的共同变异，这表明本研究的结果受到同源数据影响的概率很低。

进一步地，为了确认本研究个体层次变量的区分效度，采用 Amos 18.0 对建言有用感、心理安全感、促进焦点、防御焦点、沉默行为 5 个变量的所有条目进行了验证性因素分析（confirmatory factor analysis，CFA）。表 5-2 中的结果表明，相对于其他模型而言，五因子模型对数据的拟合效果最理想，说明本研究涉及的 5 个个体层次变量确实代表了不同的构念。

表 5-2　验证性因素分析结果

	χ^2	df	χ^2/df	GFI	NFI	CFI	NNFI	RMSEA	$\Delta\chi^2$
五因子模型	1064.880	314	3.39	.84	.81	.86	.84	.07	
四因子模型 A	1134.264	318	3.57	.83	.80	.84	.83	.08	$\Delta\chi^2$（4）=69.38**
四因子模型 B	1625.667	318	5.11	.73	.71	.75	.72	.10	$\Delta\chi^2$（4）=560.79**
三因子模型	1727.419	321	5.38	.75	.69	.73	.71	.10	$\Delta\chi^2$（7）=662.54**
一因子模型	2765.726	324	8.35	.60	.50	.53	.49	.13	$\Delta\chi^2$（10）=1700.85**

注：$N=447$；GFI = goodness - of - fit index；NFI = normed fit index；CFI = comparative fit index；NNFI = non - normed fit index；RMSEA = root - mean - square error of approximation；* $p<.05$，** $p<.01$，双尾检验。

五因子模型：建言有用感；心理安全感；沉默行为；促进焦点；防御焦点。

四因子模型 A：建言有用感 + 心理安全感；沉默行为；促进焦点；防御焦点。

四因子模型 B：建言有用感；心理安全感；沉默行为；促进焦点 + 防御焦点。

三因子模型：建言有用感 + 心理安全感 + 沉默行为；促进焦点；防御焦点。

一因子模型：建言有用感 + 心理安全感 + 沉默行为 + 促进焦点 + 防御焦点。

5.2　领导权力距离倾向与员工沉默行为的关系

假设 1 预测领导权力距离倾向与员工沉默行为具有正相关关系，因此，本研究在 HLM 中检验了“以截距为结果变量”模型（“mean - as - outcomes” model；Raudenbush & Bryk，2002）。在个体层次（level - 1）的方程中放入员工建言想法（控制变量），在团队层次（level - 2）的方程中放入领导权力距离倾向（自变量），多层模型如下：

Level - 1：$员工沉默行为_{ij} = \beta_{0j} + \beta_{1j}$（建言想法）$+ r_{ij}$ (1)

Level - 2：$\beta_{0j} = \gamma_{00} + \gamma_{01}$（领导权力距离倾向）$+ u_{0j}$ (2)

$\beta_{1j} = \gamma_{10} + u_{1j}$ (3)

其中，i 是指某个团队中的第 i 个成员，j 是指第 j 团队。如表 5 - 3 中的模型 3 所示，在控制了员工建言想法的影响（$\gamma = -.32$，$p < .01$）后，领导权力距离倾向与员工的沉默行为具有显著的正相关关系（$\gamma = .41$，$p < .01$），即领导的权力距离倾向越高，员工会表现出越多的沉默行为。假设 1 得到支持。

按照 Hofmann 等（2000）的建议，根据 HLM 的分析结果，本研究将模型 3 中的组间方差（between - group variance，τ_{00}）与空模型中的组间方差进行比较，计算出领导权力距离倾向对员工沉默行为的解释效力。结果表明，领导权力距离倾向解释了员工沉默行为 6.9% 的组间变异。

5.3 建言有用感和心理安全感的中介作用

假设 2a 和 2b 预测建言有用感和心理安全感会中介领导权力距离倾向和员工沉默行为之间的关系。按照 Mathieu 和 Taylor（2007）提出的中观层次中介关系（meso - mediational relationship）检验框架，本研究分别检验了建言有用感和心理安全感的中介作用。

5.3.1 建言有用感的中介作用

在假设 1 中，领导权力距离倾向与员工沉默行为的关系已经得到支持，符合 Mathieu 和 Taylor（2007）检验步骤的第一步条件。接下来，检验中介变量和自变量的关系，具体模型如下：

Level－1：中介变量$_{ij}$ = $\beta_{0j} + r_{ij}$ (4)

Level－2：$\beta_{0j} = \gamma_{00} + \gamma_{01}$（领导权力距离倾向）$+ u_{0j}$ (5)

如表 5－3 中的模型 1 所示，领导权力距离倾向与员工的建言有用感具有显著的负相关关系（$\gamma = -.56$，$p < .01$），符合 Mathieu 和 Taylor（2007）的第二步条件。进一步地，将建言有用感这一中介变量放入个体层次的方程中：

Level－1：员工沉默行为$_{ij}$ = $\beta_{0j} + \beta_{1j}$（建言想法）$+ \beta_{2j}$（中介变量）$+ r_{ij}$ (6)

Level－2：$\beta_{0j} = \gamma_{00} + \gamma_{01}$（领导权力距离倾向）$+ u_{0j}$ (7)

$\beta_{1j} = \gamma_{10} + u_{1j}$ (8)

$\beta_{2j} = \gamma_{20} + u_{2j}$ (9)

表 5－3 建言有用感和心理安全感的中介作用

	建言有用感	心理安全感	员工沉默行为			
	M1	M2	M3	M4	M5	M6
控制变量						
建言想法			－.32**	－.16**	－.25**	－.16**
团队层次						
领导权力距离倾向	－.56**	－.29**	.41**	.12	.27*	.11
个体层次						
建言有用感				－.54**		－.53**
心理安全感					－.50**	－.05

注：个体层次 $N = 447$，团队层次 $N = 82$；* $p < .05$，** $p < .01$，双尾检验。

分析结果如表 5－3 中的模型 4 所示，建言有用感与员工沉默行为仍具有显著的负相关关系（$\gamma = -.54$，$p < .01$）。然而，控制了建言有

用感之后，领导权力距离倾向与员工沉默行为之间的相关系数变得不显著（$\gamma = .12$，ns），符合 Mathieu 和 Taylor（2007）的第三步和第四步条件，表明建言有用感完全中介了领导权力距离倾向与员工沉默行为之间的关系，假设 2a 得到了支持。

由于传统分步的中介检验方法并不能准确地考察间接作用的大小和置信区间，根据以往的研究者建议（MacKinnon，Lockwood，Hoffman，West，& Sheets，2002），本研究根据回归方程中"自变量—中介变量"和"中介变量—因变量"两个回归系数的乘积项来检验间接效应的大小和显著性。具体来说，本研究分别采用了 Sobel 检验（1982）和 PRODCLIN 程序（MacKinnon，Fritz，Williams，& Lockwood，2007）来检验建言有用感的中介作用是否在统计上达到了显著。

Sobel 检验结果表明，建言有用感对领导权力距离倾向与员工沉默行为之间关系的中介作用显著（$Z = 3.40$，$p < .01$）。此外，PRODCLIN 分析的结果也表明，间接关系乘积项的95%置信区间（confidence interval，CI）=［.13，.48］，不包含 0。因此，Sobel 检验和 PRODCLIN 检验的结果交叉验证了建言有用感的显著中介作用。

5.3.2 心理安全感的中介作用

按照同样的步骤对心理安全感的中介作用进行检验。表 5－3 中的模型 2 表明，领导权力距离倾向与员工的心理安全感具有显著的负相关关系（$\gamma = -.29$，$p < .01$），符合 Mathieu 和 Taylor（2007）的第二步条件。进一步将心理安全感放入回归方程中，表 5－3 中的模型 5 结果表明，加入心理安全感后，心理安全感与员工沉默行为的关系显著（$\gamma = -.50$，$p < .01$），而领导权力距离倾向与员工沉默行为之间的回归系数从加入中介变量之前的 .41（$p < .01$）减小到 .27（$p < .01$），

符合 Mathieu 和 Taylor（2007）的第三步和第四步条件。因此，假设 2b 也得到了支持，心理安全感部分中介了领导权力距离倾向与沉默行为之间的关系。

进一步采用 Sobel 检验和 PRODCLIN 程序来验证心理安全感的中介作用。Sobel 检验结果表明，心理安全感的中介作用显著（$Z=3.68$，$p<.01$）。此外，PRODCLIN 结果表明，间接效应的乘积项 95% CI = [.07，.23]，不包含 0，乘积项显著。由此可知，心理安全感确实中介了领导权力距离倾向与员工沉默行为之间的关系。

5.3.3 两种中介效应的对比

为了更完整地考察和对比建言有用感和心理安全感的中介效应，将这两个中介变量同时放入回归方程中。如表 5－3 中的模型 6 所示，领导权力距离倾向与员工沉默行为之间的关系变得不显著（$\gamma=.11$，*ns*）。

分别来看，控制了心理安全感后，模型 6 中建言有用感的系数仍然显著（$\gamma=-.53$，$p<.01$）。也就是说，控制了心理安全感的中介效应之后，建言有用感仍然在领导权力距离倾向与员工沉默行为之间的关系中起中介作用。这一结果也得到了 Sobel 检验（$Z=3.36$，$p<.01$）和 PRODCLIN 检验（95% CI = [.13，.47]，不包括 0）的交叉验证。然而，控制了建言有用感之后，模型 6 中的心理安全感系数不再显著（$\gamma=-.05$，*ns*），Sobel 检验（$Z=.57$，*ns*）和 PRODCLIN 检验（95% CI = [－.04，.07]，包括 0）也交叉验证了这一结果。

因此，上述结果从另一个侧面佐证了建言有用感的完全中介作用和心理安全感的部分中介作用，也在一定程度上表明，在领导权力距离倾向与员工沉默行为之间的关系中，建言有用感的中介作用大于甚至可以替代心理安全感的中介作用。

5.4 调节焦点对间接关系的调节作用

假设3a和假设3b是同时包含了调节效应和中介效应的整合模型假设（moderated mediation）。本研究采用Edwards和Lambert（2007）提出的调节路径分析技术（moderated path analysis）对假设3a和3b进行检验。通过调节路径分析技术，可以较为准确地对模型中的直接效应、间接效应和总效应进行估计。

5.4.1 促进焦点的调节作用

假设3a中预期"自变量（领导权力距离倾向）→中介变量（建言有用感）→因变量（员工沉默行为）"的间接效应大小会受到员工促进焦点的影响。按照Edwards和Lambert（2007）的建议，首先检验以下两组方程：

"方程5"（Edwards & Lambert，2007）：

Level－1：$建言有用感_{ij} = \beta_{0j} + \beta_{1j}$（促进焦点）$+ r_{ij}$ （10a）

Level－2：$\beta_{0j} = \gamma_{00} + \gamma_{01}$（领导权力距离倾向）$+ u_{0j}$ （11）

$\beta_{1j} = \gamma_{10} + \gamma_{11}$（领导权力距离倾向）$+ u_{1j}$ （12）

"方程20"（Edwards & Lambert，2007）：

Level－1：$员工沉默行为_{ij} = \beta_{0j} + \beta_{1j}$（建言想法）$+ \beta_{2j}$（建言有用感）$+ \beta_{3j}$（促进焦点）$+ \beta_{4j}$（建言有用感×促进焦点）$+ r_{ij}$ （13a）

Level－2：$\beta_{0j} = \gamma_{00} + \gamma_{01}$（领导权力距离倾向）$+ u_{0j}$ （14）

$\beta_{1j} = \gamma_{10} + \gamma_{11}$（领导权力距离倾向）$+ u_{1j}$ （15）

$\beta_{2j} = \gamma_{20} + u_{2j}$ （16）

$\beta_{3j} = \gamma_{30} + u_{3j}$ （17）

$\beta_{4j} = \gamma_{40} + u_{4j}$ （18）

表 5-4　层次线性模型（HLM）分析结果

	建言有用感	心理安全感	员工沉默行为				
	M7	M8	M9	M10	M11	M12	M13
截距	2.97**	3.79**	2.84**	2.85**	2.86**	2.84**	2.83**
控制变量							
建言想法			-.13**	-.24**	-.12*	-.12*	-.13**
团队层次							
领导权力距离倾向	-.56**	-.29**	.12	.26**	.11	.11	.14*
个体层次							
建言有用感			-.53**		-.49**	-.49**	-.50**
促进焦点	.33**		-.20**		-.26**	-.26**	-.25**
心理安全感				-.47**	-.03	-.04	.01
防御焦点		-.15**		.25**	.18**	.18**	.18**
交互项							
促进焦点×领导权力距离倾向	-.26*		-.08		-.12	-.10	-.10
促进焦点×建言有用感			-.09*		-.08*	-.11*	
促进焦点×心理安全感						.11	-.01
防御焦点×领导权力距离倾向		.09†		.24*	.16†	.15†	.14
防御焦点×心理安全感				.19*	.17**	.18*	
防御焦点×建言有用感						-.01	.03

注：个体层次 $N=447$，团队层次 $N=82$；†$p<.10$，*$p<.05$，**$p<.01$，双尾检验。

层次线性回归分析结果见表5－4。模型7中呈现了促进焦点在间接效应第一阶段（领导权力距离倾向→建言有用感）的调节作用。控制了领导权力距离倾向（$\gamma = -.56$，$p < .01$）和促进焦点（$\gamma = .33$，$p < .01$）的主效应之后，“领导权力距离倾向×促进焦点”交互项对建言有用感的影响显著（$\gamma = -.26$，$p < .05$）。这一结果表明，促进焦点会调节领导权力距离倾向与建言有用感之间的关系。为了更清晰地呈现促进焦点的调节效应方向，本研究根据Aiken和West（1991）的建议，进行了简单斜率检验（simple slope test）。简单斜率检验结果表明，对于高水平促进焦点的员工，领导权力距离倾向与建言有用感之间的负相关关系更强（$\gamma = -.75$，$p < .01$），而对于低水平促进焦点的员工，领导权力距离倾向与建言有用感之间的负相关关系更弱（$\gamma = -.37$，$p < .05$）。以高于平均值一个标准差（$+1SD$）作为高水平促进焦点的代表，以低于平均值一个标准差（$-1SD$）作为低水平促进焦点的代表，绘制交互效应图（见图5－1）。

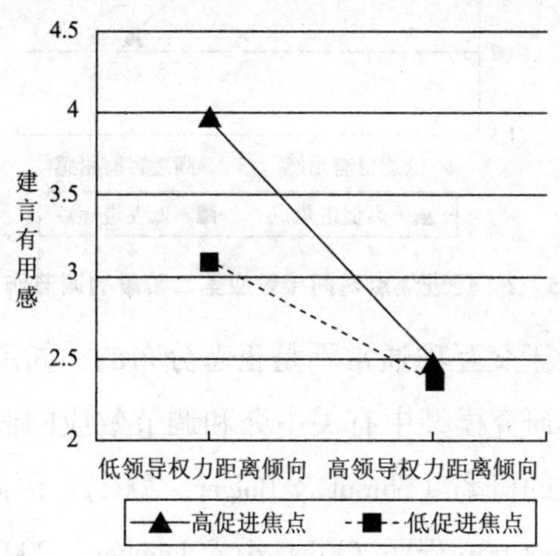

图5－1 促进焦点对间接效应第一阶段的调节作用

表5－4的模型9中呈现了促进焦点在间接效应第二阶段（建言有用感→沉默行为）的调节作用。控制了建言想法（$\gamma = -.13$，$p < .01$）、

领导权力距离倾向（$\gamma=.12$，*ns*）、建言有用感（$\gamma=-.53$，$p<.01$）、促进焦点（$\gamma=-.20$，$p<.01$）和第一阶段“领导权力距离倾向×促进焦点”交互项（$\gamma=-.08$，*ns*）的影响后，“建言有用感×促进焦点”交互项对员工沉默行为的影响显著（$\gamma=-.09$，$p<.05$）。这一结果表明，促进焦点也会调节建言有用感与员工沉默行为之间的关系。简单斜率检验结果表明，对于高水平促进焦点的员工，建言有用感与沉默行为之间的负相关关系更强（$\gamma=-.60$，$p<.01$），而对于低水平促进焦点的员工，建言有用感与沉默行为之间的负相关关系更弱（$\gamma=-.46$，$p<.01$）。交互效应图如图 5－2 所示。

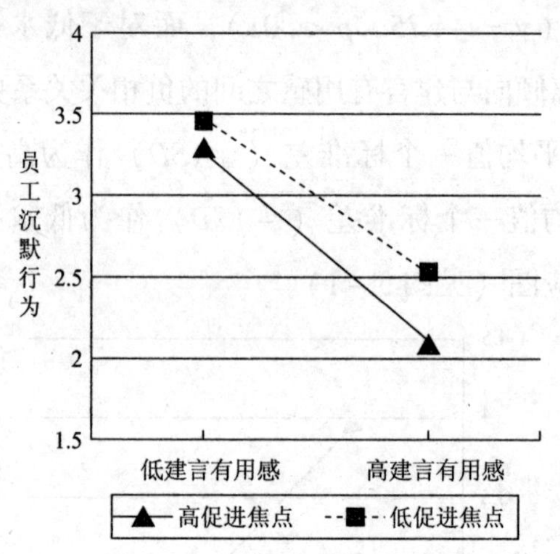

图 5－2　促进焦点对间接效应第二阶段的调节作用

进一步地，由于交互项通常不是正态分布的，如果直接通过交互项是否显著来检验本研究模型中有关中介和调节效应的假设，则很容易增加第一类错误发生的概率（Shrout & Bolger，2002）。因此，本研究使用基于1000 个样本的Bootstrap 程序（Edwards & Lambert，2007），来估计交互项的样本分布，从而对研究模型中的间接效应和总效应更精确地估计。

首先，估计“领导权力距离倾向→建言有用感→员工沉默行为”的间接效应和总效应，以及促进焦点对间接效应的调节作用。为了使分析过程的表述更为简化明白，与 Edwards 和 Lambert（2007）一致，本研究用P_{M1X}来代表从自变量X（领导权力距离倾向）到中介变量$M1$（建言有用感）的路径；用P_{YM1}代表从中介变量$M1$（建言有用感）到因变量Y（员工沉默行为）的路径；用P_{YX}代表从自变量X到因变量Y的路径，即领导权力距离倾向对员工沉默行为的直接效应（direct effect）；用$P_{M1X} \times P_{YM1}$代表领导权力距离倾向通过中介变量$M1$（建言有用感）对员工沉默行为的间接效应（indirect effect）；用$P_{YX} + P_{M1X} \times P_{YM1}$代表自变量到因变量的总体效应（total effect）。

表5-5呈现了基于不同水平促进焦点的间接路径系数。从总效应上来看，对比低促进焦点的个体（$P_{YX} + P_{M1X} \times P_{YM1} = .35$，$p < .01$）和高促进焦点的个体（$P_{YX} + P_{M1X} \times P_{YM1} = .50$，$p < .01$），领导权力距离倾向对员工沉默行为的总体影响效应并没有显著的区别（$\Delta P_{YX} + P_{M1X} \times P_{YM1} = .15$，$ns$）。但从间接效应上来看，当员工的促进焦点水平较低时，建言有用感对"领导权力距离倾向→员工沉默行为"关系的中介作用更弱（$P_{M1X} \times P_{YM1} = .17$，$p < .01$），而当员工的促进焦点水平较高时，建言有用感对"领导权力距离倾向→员工沉默行为"关系的中介作用更强（$P_{M1X} \times P_{YM1} = .44$，$p < .01$），且这两个间接效应大小的差异显著（$\Delta P_{M1X} \times P_{YM1} = .28$，$p < .01$）。

表5-5 调节和中介整合模型的直接和间接效应（1）

变量	结果				
	领导权力距离倾向（X）→建言有用感（M1）→员工沉默行为（Y）				
	阶段		效应		
调节变量：促进焦点	第一阶段	第二阶段	直接效应	间接效应	总效应
低促进焦点（-1 SD）	-.37**	-.46**	.18**	.17**	.35**
高促进焦点（+1 SD）	-.75**	-.60**	.05	.44**	.50**
高低之间的差异	-.38**	-.13†	-.12*	.28**	.15

注：个体层次$N = 447$，团队层次$N = 82$；†$p < .10$，*$p < .05$，**$p < .01$，双尾检验。

具体从“领导权力距离倾向→建言有用感→员工沉默行为”间接关系的两个阶段分别来看，对于低促进焦点的个体而言，在间接效应的第一阶段中，领导权力距离倾向对于建言有用感的影响较小（$P_{M1X}=-.37$，$p<.01$），并且在间接效应的第二阶段中，建言有用感对于员工沉默行为的影响也较小（$P_{YM1}=-.46$，$p<.01$）；而对于高促进焦点的个体，在间接效应的第一阶段中，领导权力距离倾向对于建言有用感的影响更强烈（$P_{M1X}=-.75$，$p<.01$），同时，在间接效应的第二阶段中，建言有用感对于员工沉默行为的影响也更为强烈（$P_{YM1}=-.60$，$p<.01$）。这就意味着，对于不同水平促进焦点的个体，“领导权力距离倾向→建言有用感→员工沉默行为”的间接效用差异，同时来源于促进焦点对间接路径两个阶段的增强型调节作用。

因此，促进焦点确实会调节建言有用感对“领导权力距离倾向→员工沉默行为”关系的中介作用。对于促进焦点水平较低的个体来说，建言有用感对“领导权力距离倾向→员工沉默行为”关系的中介作用更弱；对于促进焦点水平高的个体来说，建言有用感对“领导权力距离倾向→员工沉默行为”关系的中介作用更强。假设 3a 得到完全支持。

5.4.2 防御焦点的调节作用

按照同样的步骤检验假设 3b。假设 3b 中预期，“自变量（领导权力距离倾向）→中介变量（心理安全感）→因变量（员工沉默行为）”的间接效应大小会受到员工防御焦点的影响。需要检验的两组回归方程与假设 3a 类似，不同之处在于，在以下针对防御焦点调节作用的检验中，应将假设 3a“方程 5”中 Level－1 的方程（10a）改为：

Level－1：$心理安全感_{ij}=\beta_{0j}+\beta_{1j}（防御焦点）+r_{ij}$ （10b）

将“方程20”中的Level－1的方程（13a）改为：

Level－1：沉默行为$_{ij}$ = β_{0j} + β_{1j}（建言想法）+ β_{2j}（心理安全感）+ β_{3j}（防御焦点）+ β_{4j}（心理安全感×防御焦点）+ r_{ij} （13b）

表5－4的模型8中呈现了防御焦点在间接效应第一阶段（领导权力距离倾向→心理安全感）的调节作用。控制了领导权力距离倾向（$\gamma = -.29$，$p<.01$）和防御焦点（$\gamma = -.15$，$p<.01$）的主效应之后，“领导权力距离倾向×防御焦点”交互项对心理安全感的影响显著（$\gamma = .09$，$p<.10$）。这一结果表明，防御焦点会调节领导权力距离倾向与心理安全感之间的关系。简单斜率检验的结果表明，对于高水平防御焦点的员工，领导权力距离倾向与心理安全感之间的负相关关系更弱（$\gamma = -.21$，$p<.01$），而对于低水平防御焦点的员工，领导权力距离倾向与心理安全感之间的负相关关系更强（$\gamma = -.37$，$p<.01$）。以高于平均值一个标准差（+1*SD*）作为高水平防御焦点的代表，以低于平均值一个标准差（－1*SD*）作为低水平防御焦点的代表，绘制交互效应图（见图5－3）。

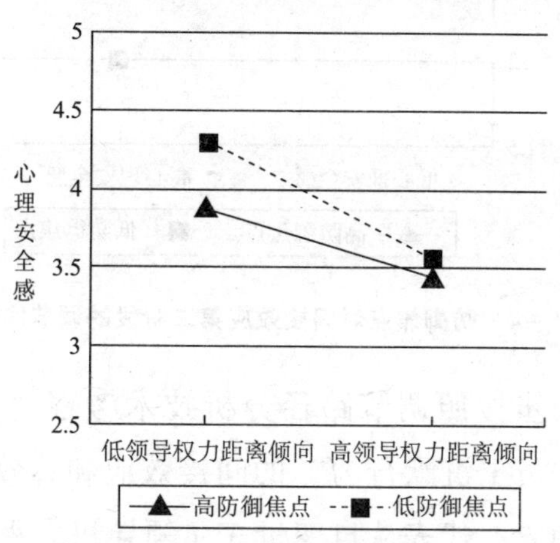

图5－3　防御焦点对间接效应第一阶段的调节作用

表5－4中的模型10呈现了防御焦点在间接效应第二阶段（心理安全感→员工沉默行为）的调节作用。控制了建言想法（$\gamma = -.24$，

$p<.01$)、领导权力距离倾向（$\gamma=.26$，$p<.01$)、心理安全感（$\gamma=-.47$，$p<.01$)、防御焦点（$\gamma=.25$，$p<.01$）和第一阶段“领导权力距离倾向×防御焦点”交互项（$\gamma=.24$，$p<.05$）的影响后，“心理安全感×防御焦点”交互项对员工沉默行为的影响显著（$\gamma=.19$，$p<.05$)。这一结果表明，防御焦点也会调节心理安全感与员工沉默行为之间的关系。简单斜率检验结果表明，对于高水平防御焦点的员工，心理安全感与员工沉默行为之间的负相关关系更弱（$\gamma=-.30$，$p<.01$)，而对于低水平防御焦点的员工，心理安全感与员工沉默行为之间的负相关关系更强（$\gamma=-.64$，$p<.01$)。交互效应如图 5－4 所示。

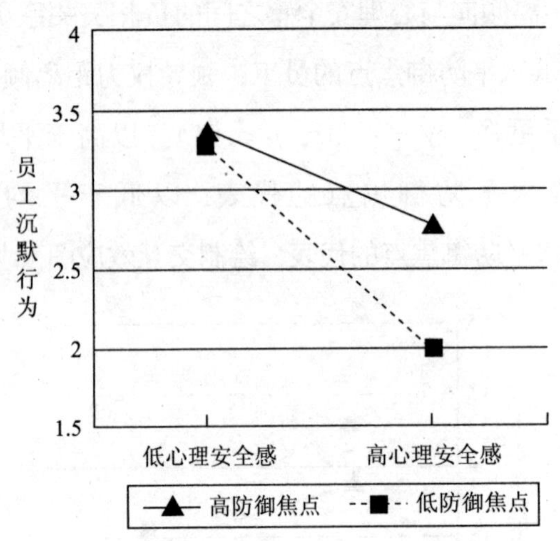

图 5－4　防御焦点对间接效应第二阶段的调节作用

同样地，进一步按照调节路径分析技术考察“领导权力距离倾向→心理安全感→员工沉默行为”的间接效应和总效应，以及防御焦点的调节作用。用 P_{M2X} 代表从自变量 X（领导权力距离倾向）到中介变量 $M2$（心理安全感）的路径；用 P_{YM2} 代表从中介变量 $M2$（心理安全感）到因变量 Y（员工沉默行为）的路径；用 $P_{M2X}\times P_{YM2}$ 代表领导权力距离倾向通过心理安全感对员工沉默行为的间接效应；用 $P_{YX}+P_{M2X}\times$

P_{YM2}代表从自变量到因变量的总体效应。

表5-6 调节和中介整合模型的直接和间接效应（2）

变量	结果				
	领导权力距离倾向（X）→心理安全感（M2）→员工沉默行为（Y）				
	阶段		效应		
调节变量：防御焦点	第一阶段	第二阶段	直接效应	间接效应	总效应
低防御焦点（-1 SD）	-.37**	-.64**	.04	.24**	.28**
高防御焦点（+1 SD）	-.21**	-.30*	.48**	.06*	.54**
高低之间的差异	.17*	.33**	.43**	-.18**	.26

注：个体层次 $N=447$，团队层次 $N=82$；†$p<.10$，*$p<.05$，**$p<.01$，双尾检验。

表5-6中呈现了基于不同水平防御焦点的路径分析系数。从总效应上来看，对比低防御焦点的个体（$P_{YX}+P_{M2X}\times P_{YM2}=.28$，$p<.01$）和高防御焦点的个体（$P_{YX}+P_{M2X}\times P_{YM2}=.54$，$p<.01$），领导权力距离倾向对员工沉默行为的总体影响效应并没有显著差异（$\Delta P_{YX}+P_{M2X}\times P_{YM2}=.26$，*ns*）。然而，从间接效应上来看，当员工的防御焦点水平较低时，心理安全感对"领导权力距离倾向→员工沉默行为"关系的中介作用更强（$P_{M2X}\times P_{YM2}=.24$，$p<.01$），而当员工的防御焦点水平较高时，心理安全感对"领导权力距离倾向→员工沉默行为"关系的中介作用相对更弱（$P_{M2X}\times P_{YM2}=.06$，$p<.05$），并且这两个间接效应大小的差异显著（$\Delta P_{M2X}\times P_{YM2}=-.18$，$p<.01$）。

将"领导权力距离倾向→心理安全感→员工沉默行为"的间接关系分阶段来看，对于低防御焦点的个体而言，在间接效应的第一阶段中，领导权力距离倾向对于心理安全感的影响较大（$P_{M2X}=-.37$，$p<.01$），同时，在间接效应的第二阶段中，心理安全感对于员工沉默行为的影响也较大（$P_{YM2}=-.64$，$p<.01$）；对于高防御焦点的个体，在间接效应的第一阶段中，领导权力距离倾向对于心理安全感的影响较

小（$P_{M2X} = -.21$，$p < .01$），同时，在间接效应的第二阶段中，心理安全感对于员工沉默行为的影响也较小（$P_{YM2} = -.30$，$p < .05$）。这也就意味着，对于不同水平防御焦点的个体，“领导权力距离倾向→心理安全感→员工沉默行为”的间接效用差异同时来源于防御焦点对间接路径两个阶段的减弱型调节作用。

因此，防御焦点确实会调节心理安全感对“领导权力距离倾向→员工沉默行为”关系的中介作用。对于防御焦点水平低的个体来说，心理安全感对“领导权力距离倾向→员工沉默行为”关系的中介作用更强；对于防御焦点水平高的个体来说，心理安全感对“领导权力距离倾向→员工沉默行为”关系的中介作用更弱。这种调节效应的方向与假设一致，假设3b完全得到支持。

5.5 整体模型的最优性验证

Edwards和Lambert（2007）指出，他们提出的调节路径分析技术也可以推广到检验包含多个中介变量和调节变量的复杂模型中。具体操作方法就是在每个基本方程中加入相应的中介变量、调节变量和交互项。

为了更完整地检验本研究提出的研究模型，进一步将假设模型（见图3－1）涉及的所有变量和交互项都同时放入方程中。如表5－4中的模型11所示，同时考察两条被调节的间接路径，“防御焦点×心理安全感”交互项（$\gamma = .17$，$p < .01$）、“建言有用感×促进焦点”交互项（$\gamma = .08$，$p < .05$）对员工沉默行为仍有显著的影响。因此，整体模型的检验结果与上述结果一致，表明了本研究结果的稳定性。

为了确认假设模型是最优的，本研究还检验了可能的替代模型

(alternative model)，并将这些替代模型与本研究的假设模型进行了对比。

替代模型一：假设促进焦点和防御焦点可以同时调节模型中的两条间接路径。这需要证明：促进焦点除了调节“领导权力距离倾向→建言有用感→员工沉默行为”的间接效应，还可以调节“领导权力距离倾向→心理安全感→员工沉默行为”的间接效应；或者防御焦点除了调节“领导权力距离倾向→心理安全感→员工沉默行为”的间接效应，还可以调节“领导权力距离倾向→建言有用感→员工沉默行为”的间接效应。因此，进一步将“促进焦点×心理安全感”和“防御焦点×建言有用感”两个交互项也加入回归方程中，如表5-4中的模型12所示。结果表明，“促进焦点×心理安全感”（$\gamma = .11$，*ns*）、“防御焦点×建言有用感”（$\gamma = -.01$，*ns*）这两个交互项的回归系数并不显著。相比之下，本研究的假设模型更优越。

替代模型二：假设研究模型中的两种调节焦点可以相互调换。这需要证明：防御焦点会调节“领导权力距离倾向→建言有用感→员工沉默行为”的间接效应，但不会调节“领导权力距离倾向→心理安全感→员工沉默行为”的间接效应；或者促进焦点会调节“领导权力距离倾向→心理安全感→员工沉默行为”的间接效应，但不会调节“领导权力距离倾向→建言有用感→员工沉默行为”的间接效应。分析结果如表5-4中的模型13所示，替代模型二假设的交互项均不显著。相比之下，本研究的假设模型确实是最优的。

第6章　讨论与结论

6.1　研究结论

本研究基于一个跨层次的调节和中介整合模型，从领导和员工两方面探讨了组织中员工沉默行为的前因变量及其作用机制。来自多个团队的嵌套调查数据完全支持了本研究的假设。

6.1.1　领导权力距离倾向对员工沉默行为的间接作用

本研究假设，高权力距离倾向的领导往往不会听取来自员工的意见，也不愿意采纳员工的建议，因此领导的权力距离倾向与员工的沉默行为正相关。研究结果表明，领导的权力距离倾向确实对团队成员的沉默行为具有跨层次的正向影响。在个人权力距离倾向较高的领导所在的团队中，团队的员工通常倾向于保持沉默，即使觉得有必要说出自己的想法，考虑到领导的行事风格，最终也还是会选择将想法压抑在心里。相反，在个体权力距离倾向较低的领导所在的团队中，团队成员的沉默行为较低。

这一研究结论与以往跨文化学者的观点和研究结论是一致的。Hofstede（1991）指出，权力距离价值观会影响上下级之间的情感依赖关系。在低权力距离的民族文化下，员工会感觉自己与上级之间的情感距离较小。因此，他们愿意通过与上级的接触，来进行信息与情感的交换，也更多地从上级那里寻求反馈信息或者向上级提供自己的建议。相反，在高权力距离的民族文化下，员工与上级之间的情感距离较大。在向上级寻求信息或发表自己意见的时候，员工会感到犹豫不决和不舒服。他们更愿意接受从上而下的被动管理方式，不希望主动去影响上级的决策。Botero 和 Van Dyne（2009）的跨文化研究也发现，国家层次的权力距离与员工的建言行为具有显著的负相关关系。Huang 等（2005）对 24 个国家的调查发现，在不同权力距离文化的民族中，同样的管理实践会产生截然不同的效果。具体来说，在低权力距离的文化下，员工参与氛围会非常有助于员工自由发表言论，而在高权力距离的文化下，只有高强度的参与氛围才有可能打破员工的沉默。本研究从领导权力距离倾向的角度，进一步支持和发展了以往的这些研究结论。

本研究进一步假设，员工对于建言有用性和建言安全性的心理感知会在领导权力距离倾向对员工沉默行为的影响中扮演重要的中介角色。结果表明，员工的建言有用感和心理安全感确实中介了领导权力距离倾向与员工沉默行为的关系。在高权力距离倾向领导所在的团队中，团队成员更可能认为，自己的意见或建议不但不会受到领导的关注和采纳，还可能损害自己的团队形象，甚至会引来打击报复，因此倾向于保持高水平的沉默。然而，在低权力距离倾向领导所在的团队中，团队成员更可能认为，自己的意见或建议是会得到领导关注和认可的，并且不会引来负面反应，因此更愿意发表自己的言论。

对比这两条中介机制发现，在领导权力距离倾向与员工沉默行为之间的关系中，员工的建言有用感起到了完全中介的作用，员工的心理安全感起到了部分中介的作用。控制了心理安全感的中介作用后，建言有用感的完全中介作用依然显著。而控制了建言有用感的中介作用后，心理安全感的部分中介作用就不再显著了。因此，领导权力距离倾向这一文化价值观会更多地通过影响员工对于建言是否有用的感知，来影响员工的沉默行为。

6.1.2 调节焦点对领导倾向与员工沉默间接关系的调节作用

在一个组织中，影响员工行为的因素并不是单方面的。除了来自周围环境的因素（如领导风格、组织氛围、同事行为），员工自身的人格特征也是很重要的影响因素。如上所述，为了探索领导权力距离倾向对员工沉默行为的影响机制，本研究考察了建言有用感和心理安全感的中介作用。非常有趣的是，建言有用感反映了员工建言被采纳（理想状态）的可能性，其蕴含的“收获/无收获”信息与促进焦点是紧密联系的；心理安全感反映了员工建言免受负面影响（安全状态）的可能性，其蕴含的“损失/无损失”信息与防御焦点是紧密联系的。因此，本研究认为，个体的促进焦点（相对于防御焦点）更可能会影响“领导权力距离倾向→建言有用感→员工沉默行为”这一间接效应，而个体的防御焦点（相对于促进焦点）则更可能会影响“领导权力距离倾向→心理安全感→员工沉默行为”这一间接效应。

虽然本研究并没有对此做特别的假设，但替代模型分析结果表明，促进焦点确实只会调节以员工建言有用感作为中介变量的间接路径效应大小，而不会调节以员工心理安全感作为中介变量的间接路径效应大小。同样，防御焦点也确实只会调节以员工心理安全感作为中介变量的间接路径效应大小，而不会调节以员工建言有用感作为中介变量的间接路径效应大小。因此，相对于可能的其他模型，本研究假设的调节和中介整合模型的确是最优的。

进一步地采用调节路径分析技术，检验员工调节焦点对两条间接路径的调节作用。结果表明，员工的长期促进焦点水平会增强“领导权力距离倾向→建言有用感→员工沉默行为”的间接效应。对于高促进焦点的员工来说，领导权力距离倾向通过建言有用感来影响员工沉默行为的间接效应更强，而对于低促进焦点的员工来说，这一间接效应更弱。促进焦点的这种加强型调节作用同时存在于间接效应的两个阶段。

此外，员工的长期防御焦点水平会减弱“领导权力距离倾向→心理安全感→员工沉默行为”的间接效应。对于高防御焦点的员工来说，领导权力距离倾向经由心理安全感来影响员工沉默行为的间接效应更弱，而对于低防御焦点的员工来说，心理安全感的中介作用更强。同样，防御焦点的这一减弱型调节作用也同时存在于间接效应的两个阶段。因此，调节和中介效应的检验结果完全支持了本研究的假设模型。

6.2 理论启示

本研究的理论框架与研究结论对于员工沉默行为、权力距离倾向、调节焦点相关研究领域的构念发展、研究设计和理论扩展都具有积极的启示。

6.2.1 对员工沉默行为研究的启示

一方面，从构念的界定来看，对于沉默行为和建言行为究竟是同一连续体的两个极端，还是两个相互独立的构念，很多学者仍然没有达成一致的认识。本研究从行为意图、内在动机、影响因素和存在方式等方面阐述了沉默行为与建言行为的差异，将沉默行为视为与建言行为相独立的构念，而非低水平的建言行为。这一基本假定也得到了实证数据的支持。在问卷收集过程中，本研究也要求被调查者（$N=447$）报告了他们在工作中的建言行为，测量工具为员工建言行为研究中最常用的6个题目量表（Van Dyne & LePine，1998）。相关分析的结果表明，在中国组织中，沉默行为与建言行为二者之间的相关系数为.53（$p<.01$），说明两种行为仅存在25%左右的共同变异，并不是同一个构念。这一结果与以往学者Detert和Edmondson（2011）、Mao等（2012）的实证研究结果完全一致。因此，本研究为进一步探讨员工沉默行为的构念释义提供了新的证据。

除了在概念层面上的界定，本研究还在变量的操作化和统计分析方法上进一步区分了员工沉默行为与员工因为没有想法而不发表意见的情况。在测量方式上，本研究采用员工自我报告的形式，以便于较准确地测量沉默行为这种更为内化、容易隐藏的行为。在测量题目上，本研究要求调查者回答他们在多大程度上“即使”明知道一些信息，也不会向领导说。这种问题的表达方式能够较好地突出沉默行为的故意性。在统计分析中，本研究在所有以员工沉默行为为因变量的回归分析中，加入了“建言想法”这一控制变量，以便更彻底地排除员工“是否有建言想法”对员工沉默行为变异的解释效力。

另一方面，从模型设计来看，本研究从领导文化价值观的角度探讨了员工沉默行为的影响因素。这是对员工沉默行为研究的一个新的尝试和突破，为员工沉默行为的理论架构发展提供了新的方向。进一步地，本研究探讨了影响员工沉默行为的两个中介机制。虽然在员工沉默行为的相关文献中，建言有用感和心理安全感通常被学者们认为是影响员工沉默行为的重要中介变量，但二者的中介效应却较少得到实证研究的同时检验（Milliken et al.，2003；Morrison，2011；Morrison

& Rothman, 2009)。本研究将这两个反映员工心理特征的变量同时纳入假设模型中，检验和对比了二者在领导文化价值观与员工沉默行为关系中的中介作用，响应了以往学者（如 Greenberg & Edwards, 2009）对于检验员工沉默行为心理影响机制的号召。

此外，虽然员工沉默行为的影响因素可能同时来自组织环境和员工自身，但现有的大多数研究在检验员工沉默行为的影响因素时，或是关注组织环境（如领导风格、组织氛围），或是关注员工本身（如人格特质），研究视角较为单一（Morrison, 2011）。本研究在探讨员工沉默行为发生机制的时候，同时考虑了来自领导和员工本身的因素，并且基于团队数据检验了二者的交互作用，回应了学者们对于沉默行为跨层次整合模型的呼吁（Greenberg & Edwards, 2009; Morrison, 2011）。这一整合的视角对今后研究具有一定的启示意义。

6.2.2　对文化价值倾向研究的启示

第一，本研究关注个体层次的领导文化价值倾向。虽然文化价值观最早是作为国家或民族层次的构念被提出的（Hofstede, 1980），但是近年来，越来越多的研究开始关注个体层次的文化价值观，即个体持有的文化价值倾向（Kirkman et al., 2006）。很多研究者发现，在同一个国家或民族内部，个体持有的文化价值倾向其实具有很大的差异（Kirkman et al., 2009; Tsui et al., 2007; Tyler et al., 2000）。相对于将同一文化中的所有人视为一个共同的文化价值整体，关注同一文化中不同个体的文化价值倾向对个体行为的影响，可能具有更重要的意义，这样的分析也更为有效（Tyler et al., 2000）。特别地，以往的组织领域文化价值研究较多地关注员工的文化价值观对于自身态度和行为的影响（如 Clugston et al., 2000; Kirkman & Shapiro, 2001）。本研究探讨了领导持有的文化价值观对于员工心理感知和行为表现的影响，在响应以往文化学者号召的同时，也对后续的相关研究具有一定的启示作用。

第二，本研究关注文化维度中的权力距离倾向。Kirkman 等（2006）回顾了1980年到2002年，在40多本国际期刊和专著中发表的近200篇文化价值观的实证研究。他们发现，虽然文化价值观的差异可以反映在不同的文化维度上，但现有的大多数研究都将研究焦点放在文化维度中的个人—集体主义上。实际上，除个人—集体主义文化价值观之外，其他一些文化价值观也具有非常重要的意义，对于个体的态度和行为具有很强的解释力。因此，本研究对于个体权力距离倾向的关注，补充了以往仅聚焦于个人—集体主义价值观的研究（Gelfand et al.，2007；Kirkman et al.，2006）。

第三，本研究探讨领导权力距离倾向的主效应。Kirkman 等（2006）指出，无论是在国家层次还是在个体层次上，现有研究大多都在关注文化价值观的调节作用，即考察在不同的民族文化下或者对于持有不同文化价值观的个体来说，两个研究变量之间的关系会有怎样的差异。Kirkman 等（2006）鼓励研究者应该像检验文化价值观的调节效应一样，更多地去探讨文化价值观的主效应。因此，本研究关注领导权力距离倾向的跨层次主效应，也是对现有研究的一种补充。

第四，本研究在一个同时包含了中介机制和调节机制的模型中，检验了领导文化价值观的作用机制。不论是在民族层次还是个体层次，文化价值观研究都很少探讨文化价值观影响个体态度和行为的中介机制（Kirkman et al.，2006）。基于对现有研究的综述和元分析，学者鼓励未来的文化价值观研究可以按照“文化价值观或信念→员工态度或感知→员工行为”这一思路，更完整地检验文化价值观的影响（Taras et al.，2010）。此外，现有的文化研究也较少关注个体的人格特质与个人文化价值观的交互作用（Kirkman et al.，2006）。本研究检验和比较了领导权力距离倾向作用于员工沉默行为的两个重要中介机制，并且考察了领导权力距离倾向与员工调节焦点的跨层次交互作用，较好地推进了现有的文化价值研究。

第五，以往的很多学者曾多次提出，未来的研究应该更多地在组织或团队层次来考虑文化价值观的跨层次影响（Kirkman et al.，2006，2009；Tsui et al.，2007）。本研究虽然关注领导的个人权力距离倾向，但考察的却是领导权力距离倾向在团队层次上对于所有成员个体层次行为的影响，这一跨层次的研究设计积极地响应了以往学者的呼吁。

6.2.3 对调节焦点研究的启示

首先，本研究进一步证明了调节焦点理论在工作领域的适用性。虽然调节焦点理论最早源于对社会生活现象的思考，但越来越多的学者发现，不论是员工长期的工作调节焦点特质还是被工作情境短暂激发的调节焦点状态，都会对工作结果产生重要的影响（Gorman et al.，2012；Lanaj et al.，2012；Wallace & Chen，2006）。本研究的结果表明，调节焦点倾向确实会影响员工对于工作情境（如领导文化价值倾向）的感知和反应，进一步证明了工作调节焦点对员工感知和行为的解释效力，证实了调节匹配理论在工作领域的适用性。此外，本研究也创新性地将调节焦点理论引入员工沉默行为的研究中，这一思路有助于后续研究进一步地挖掘调节焦点理论对工作领域新的应用价值。

其次，本研究关注调节焦点的调节作用而非主效应。虽然很多学者指出，关注调节焦点的调节作用是未来相关研究一个重要的发展方向（Brockner & Higgins，2001；Wallace & Chen，2006），但现有的组织研究（不论是将调节焦点视为特质性变量还是状态性变量）都更多地探讨了调节焦点对个体的动机和目标实现的直接影响，有关调节焦点调节作用的研究数量非常少（Dimotakis，Davison，& Hollenbeck，2012）。基于调节匹配理论，本研究检验了员工调节焦点对领导文化价值观影响的调节机制，这较好地弥补了调节焦点现有研究的不足。更重要的是，虽然“促进焦点/防御焦点”和“建言有用感/心理安全感”都同样蕴含了与“收获/损失”相关的意味，但以往的研究却没有将这两组具有相似特征的变量联系起来。本研究创造性地将个体的调节焦点引入员工沉默行为的研究中，将促进焦点、防御焦点与建言有用感、心理安全感这两个沉默行为中介机制较好地对应和结合起来，对于两个研究领域的研究设计而言，都是一种思路上的突破。

最后，本研究中调节和中介效应整合模型的检验结果也进一步支持了促进焦点和防御焦点的反向调节效应。以员工态度或行为为因变量的研究发现，促进焦点和防御焦点的调节作用是反向的。例如，Shah和Higgins（1997）在有关期望理论适用性的研究中发现，期望与效价的交互项对动机的正向影响只适用于促进焦点的个体，而对于防御焦点的个体，这一关系是反向的。又如，Cropanzano等（2008）有关公平的研究也发现，程序公平和结果公平的交互作用对总体公平感的正向影响也只适用于促进焦点的个体。此外，姚琦、马华维和乐国安（2010）也发现，调节焦点会调节成功期望与绩效之间的关系，对于促进焦点的个体，成功期望与绩效正相关，而对于防御焦点的个体，期望与绩效并不显著相关。类似地，本研究也发现，员工的促进焦点会增强“领导权力距离倾向→建言有用感→员工沉默行为”的间接效应，而员工的防御焦点却会减弱“领导权力距离倾向→心理安全感→员工沉默行为”的间接效应。这一结果很好地呼应了以往的相关研究，也为调节焦点理论的进一步发展提供了更多的实证支持。

6.3 实践意义

员工沉默行为对组织和员工具有潜在的危害，如何打破员工的沉默成为管理实践者越来越关注的问题。由于外在的行为表现比较模糊，员工沉默行为很容易被隐藏（Van Dyne et al.，2003）。此外，长期的员工沉默会引发沉默的回旋升级效应（spiral of silence），除非对现有的制度体系进行重大变革，否则这种沉默的循环圈在组织中一旦形成就很难被打破（Morrison & Milliken，2000；Pinder & Harlos，2001）。因此，组织应该尽早通过管理措施来疏导员工的意见和建议，减少员工沉默为组织带来的可能损害。本研究的结论为组织选拔领导、甄选员工和员工激励等管理实践都提供了重要的研究证据。

首先，本研究关注领导对员工沉默行为的影响，为组织的领导甄选方式提供了新的视角。正如Morrison和Milliken（2000）所指出的，来自组织的因素是员工沉默行为的最重要原因。本研究的结果表明，团队或部门领导的权力距离倾向对于员工沉默行为具有显著的正向影响。个体的权力距离倾向属于文化价值观的范畴，是个体在成长过程中形成的、相对不容易改变的稳定特征。因此，如果一个组织非常重视开放和平等的工作环境，希望鼓励员工大胆地发表自己的意见或建议，倡导员工通过贡献创新想法来帮助组织更好地提高产品或者服务质量，那么，这样的组织在选择和提拔团队领导时，就更应该避免去选择那些权力距离倾向较高的候选人。相反，任用一些持有较低权力距离倾向的领导，可能更有利于避免员工刻意地隐瞒自己的想法，从而减少员工沉默行为对企业造成的损失和危害。

其次，本研究对于组织甄选员工也有一定的启示。本研究的结果表明，不同调节焦点的员工对于同样领导的反应是不尽相同的。相对于低促进焦点的个体，高促进焦点的个体对于领导权力距离倾向的心理和行为反应更为敏感，因此，要想打破高促进焦点个体（相对于低促进焦点个体）的沉默是相对容易的，例如，任用权力距离倾向较低的领导者。然而，相对于低防御焦点的个体，高防御焦点的个体不仅习惯于压抑自己的想法和意见，而且他们这种对沉默的选择是内化和稳定的，较难受到外界因素的影响。因此，对于那些想要鼓励员工积极发表工作意见和建议的组织来说，可以尝试在招聘的时候注重选择一些促进焦点水平较高、防御焦点水平较低的员工。

最后，本研究对于员工激励也有一定的启示。调节焦点理论指出，个体的调节焦点具有双重的属性。调节焦点既可以是个体在长期生活当中形成的一种稳定特质，也可以是一种能被情境因素激发的状态变量。因此，为了减少组织中的沉默行为，除了关注领导和员工的甄选方式，组织还可以通过一系列的管理实践来提升员工的促进焦点水平、降低员工的防御焦点水平（R. E. Johnson，Chang，& Yang，2010；Kark & Van Dijk，2007；Neubert et al.，2008；Wallace & Chen，2006）。这些可能的管理实践包括：

一方面，组织可以通过更为灵活的薪酬体系，来激发员工相应的调节焦点倾向。调节焦点理论指出，促进焦点个体对于理想的追求和渴望会因为积极结果的出现而得以维持，会因为消极结果的出现而逐渐减少。相反，防御焦点个体的警惕会因为消极结果的出现而得以维持，会因为积极结果的出现而逐渐减少（Forster et al.，2003；Higgins，2000）。因此，要想降低员工的防御焦点水平，组织应该减少与消极工作结果相挂钩的薪酬激励。相反，为了激发员工高水平的促进焦点，组织应该将薪酬奖励更多地与积极工作结果联系起来。例如，当员工积极寻找发展的机会、创造性地完成工作时，应该让员工体会到获得高薪的快乐，而当员工不关注发展和创新时，则应该让员工感受到没有嘉奖的痛苦。

另一方面，在员工的眼里，领导是组织最直接的代言人，因此，组织可以更多地通过领导来激发员工特定的工作调节焦点（Benjamin & Flynn，2006）。例如，组织可以开展有针对性的领导培训，让领导有意和有效地在平时的工作中使用一些强调理想和愿景的语言，来激发员工的促进焦点。同时，领导可以加强对员工的意见和建议的积极反馈，让员工体验更多建言成功的快乐经历（Kish - Gephart et al.，2009）。此外，组织也可以通过规范领导行为，来降低员工的防御焦点。很多研究表明，在组织中受到人际不良对待的员工如果去表达自己的不满，不但不会使问题得以解决，还可能再次遭到不良对待实施者的报复和责难。特别地，当不良对待的实施者是组织中的管理者时，由于害怕自己受到牵连，同事不但不敢去支持受害者，还有可能为了表明立场而跟着实施者报复受害者，加剧这种不良对待（Cortina & Magley，2003；Olson - Buchanan & Boswell，2008）。因此，组织应该更有效地监督管理者的不良行为，降低员工对于发表意见和建议的防御倾向。只有消除了员工的安全顾虑，才能让员工真正做到知无不言、言无不尽。

6.4　研究不足与未来发展方向

虽然在研究设计和数据调查的过程中，本研究尽可能地遵循科学研究的范式，但由于资源有限，仍然存在一些不足之处。后续的研究可以在本研究的基础上进行更多的发展和突破。

第一，为了便于测量员工的心理感知和内隐行为，本研究的调查数据均来源于员工的自我报告，可能会引起共同方法偏差（common method variance）。当然，基于以下几方面的原因，本研究的结论不太可能过多地受到同源数据的影响。首先，本研究的自变量（领导权力距离倾向）是基于团队成员评价的数据聚合而成，这在一定程度上减弱了共同方法偏差对本研究结果的污染。其次，本研究按照 Podsakoff 等（2003）的建议，对可能的共同方法偏差做了事前控制，例如，在调查前通过强调问卷的保密性来增强被调查者回答的真实性，通过告知问题没有对错之分来减少被调查者的评价顾忌。再次，本研究的事后 Harman's 单因子检验结果进一步地排除了研究结果受同源数据影响的可能。最后，本研究探讨了调节焦点会如何调节领导权力距离倾向与员工沉默行为之间跨层次的间接关系，统计分析结果中显著的交互效应（特别是跨层次的交互效应）不太可能是来自于同源数据的共同变异（Siemsen，Roth，& Oliveira，2010）。今后的研究可以采用多来源的数据来进一步证实本研究的结论。

第二，虽然本研究在表述上包含了对于领导权力距离倾向和员工沉默行为之间的因果关系推断，但调查数据均是在同一时间点上收集的。实际上，将这种横截面数据（cross – sectional data）用于推断变量之间的因果关系并不是十分充分。在本研究的假设模型中，作为自变量的权力距离倾向是反映个体文化价值观的变量，属于较为稳定的个体特征，这在一定程度上可以排除本研究结论因果倒置的可能性。然而，为了更准确地检验研究变量之间的因果关系，后续的研究可以通过收集多时间点的数据来检验本研究中的理论模型。

第三，近年来有关文化价值观的三篇重要综述性文献均指出，虽然探讨个体持有的文化价值观对于跨文化研究有着重要的意义，但已有的相关研究大多把焦点放在个人—集体主义文化维度上，很少关注其他的文化价值观（Gelfand et al.，2007；Kirkman et al.，2006；Tsui et al.，2007）。作为初步的尝试，本研究仅关注了领导的权力距离倾向对员工沉默行为的影响。后续的相关研究可以更多地关注其他文化价值倾向对员工沉默行为的影响。例如，在高不确定性规避的文化中，人们害怕改变和革新，非常不愿意冒着风险去打破原有的稳定状态（Hofstede，1991）。因此，不确定性规避倾向较高的个体更希望保持正常稳定的工作状态，从而更可能避免在工作中提出建议或意见。

第四，虽然本研究关注领导持有的权力距离倾向对于团队成员行为的影响，但事实上，员工自身的权力距离倾向对于员工行为也具有同样重要的作用。Brockner 等（2001）的研究就表明，员工持有的权力距离文化价值观会调节话语权与员工态度之间的关系，对于低权力距离倾向的员工来说，话语权会强烈地影响员工的工作态度，而对于高权力距离倾向的员工来说，工作中的话语权并没有那么重要。因此，高权力距离倾向的员工更可能顺从自己的领导，为了避免与领导发生分歧而刻意隐瞒自己的不同意见（Hofstede，1991）。然而，出于对模型复杂性和检验可行性的考虑，本研究并没有将员工权力距离倾向放入假设模型中。后续的研究可以进一步考察员工所持有的文化价值观对于沉默行为的影响。

此外，内隐领导理论表明，对于不同文化价值倾向的员工而言，最为有效的领导行为风格是大不相同的（Javidan et al.，2006）。在工作场所中，个体特征相似性较高的上下级更可能相互适应，从而带来最佳的工作状态。因此，后续的研究可以检验上下级之间文化价值观的匹配程度对员工态度和行为的影响。就权力距离倾向来说，高（低）权力距离倾向的员工与高（低）权力距离倾向的领导更为匹配，能带来更好的工作结果；相反，低（高）权力距离倾向的员工与高（低）权力距离倾向的领导则不相匹配，更可能引起负面的工作结果。

第五，领导的调节焦点对于员工行为也有重要的影响（李磊，尚玉钒，2011；Sue – Chan et al.，2012）。因此，未来的研究也可以从领导和上下级匹配的视角去探讨调节焦点对员工沉默行为的影响。一方面，促进焦点的个体对外部信息更为开放，将别人的意见和建议视为获取信息的途径和成长发展的机会，而防御焦点的个体把所有情境都作为一个可能的威胁，不愿意接收新信息（Righetti et al.，2011）。因此，今后的研究可以考察领导的调节焦点倾向对员工沉默行为的影响。另一方面，上下级调节焦点的匹配程度也可能影响员工的沉默行为。调节匹配理论指出，个体自身的调节焦点倾向与外部信息的匹配会为个体带来匹配的舒适感和价值感（Higgins，2000）。在实现目标的过程中，个体并不是独自一人，而是不断地在与不同的人进行接触和交往，因此，人际之间也存在类似的调节焦点匹配。与自己调节焦点类型和程度相一致的人交往，会让人体会到更多的愉悦感，相反，与自己调节焦点不一致的人交往，会让人不太舒服。后续的研究可以探讨下属与领导之间调节焦点的匹配是否也有助于促进上下级关系的发展，进而影响领导的纳谏意愿和员工的沉默行为。

第六，本研究仅仅检验了领导文化价值倾向这一团队层次的变量对于员工沉默行为的影响，未来的研究可以进一步考察其他一些组织或团队变量的跨层次影响。一方面，从文化价值观的研究来看，探讨团队间文化价值差异对于团队氛围、成员关系、成员个人绩效和团队整体绩效的影响，将是一个有趣的研究方向。以团队权力距离文化氛围对员工沉默行为的影响为例，在高权力距离文化的团队中，员工会达成默认的共识，避免不正式的交流方式，并且服从组织的制度和管理，沉默现象更为明显。而在低权力距离文化的团队中，成员之间的非正式交往相对更多，团队成员之间更可能经常就决策制定、任务分配的相关问题进行讨论。另一方面，调节焦点理论也可以更广泛地运用在组织或团队层次的研究中。例如，近年来的研究开始关注组织调节焦点倾向对于组织战略层面的影响（Das & Kumar，2011），也有研究检验了团队结构与团队任务调节焦点性质的交互作用对员工情绪、态度和行为的影响（Dimotakis et al.，2012）。因此，后续的研究可以继续在团队层次上考察调节焦点对员工沉默行为的影响。

参考文献

[1] Aaker, J. L., & Lee, A. Y.. "I" seek pleasures and "we" avoid pains: The role of self – regulatory goals in information processing and persuasion [J]. *Journal of Consumer Research*, 2001, 28: 33 – 49.

[2] Aiken, L. S., & West, S. G.. *Multiple regression: Testing and interpreting interactions* [M]. Newbury Park, CA: Sage, 1991.

[3] Ashford, S. J., Rothbard, N. P., Piderit, S. K., & Dutton, J. E.. Out on a limb: The role of context and impression management in selling gender – equity issues [J]. *Administrative Science Quarterly*, 1998, 43: 23 – 57.

[4] Ashford, S. J., Sutcliffe, K. M., & Christianson, M. K. Speaking up and speaking out: The leadership dynamics of voice in organizations [A]. In J. Greenberg & M. Edwards (Eds.), *Voice and silence in organizations* [C]. Bingley, England: Emerald, 2009: 175 – 202.

[5] Ashforth, B. E., & Lee, R. T.. Defensive behavior in organizations: A preliminary model [J]. *Human Relations*, 1990, 43: 621 – 648.

[6] Ayduk, O., May, D., Downey, G., & Higgins E. T.. Tactical differences in coping with rejection sensitivity: The role of prevention pride [J]. *Personality and Social Psychology Bulletin*, 2003, 29: 435 – 448.

［7］Bandura, A.. *Social learning theory*［M］. New York, NY: General Learning Press, 1971.

［8］Becker, T. E.. Potential problems in the statistical control of variables in organizational research: A qualitative analysis with recommendations［J］. *Organizational Research Methods*, 2005, 8: 274 - 289.

［9］Begley, T. M., Lee, C., Fang, Y., & Li, J.. Power distance as a moderator of the relationship between justice and employee outcomes in a sample of Chinese employees［J］. *Journal of Managerial Psychology*, 2002, 17: 692 - 711.

［10］Benjamin, L., & Flynn, F. J.. Leadership style and regulatory mode: Value from fit?［J］. *Organizational Behavior and Human Decision Processes*, 2006, 100: 216 - 230.

［11］Bliese, P. D.. Within - group agreement, non - independence, and reliability: Implications for data aggregation and analysis［A］. In K. J. Klein & S. W. J. Kozlowski (Eds.), *Multilevel theory, research, and methods in organizations: Foundations, extensions, and new directions*［C］. San Francisco, CA, US: Jossey - Bass, 2000: 349 - 381.

［12］Bochner, S., & Hesketh, B.. Power distance, individualism/collectivism, and job - related attitudes in a culturally diverse work group［J］. *Journal of Cross - Cultural Psychology*, 1994, 25: 233 - 257.

［13］Botero, I. C., & Van Dyne, L.. Employee voice behavior interactive effects of LMX and power distance in the United States and Colombia［J］. *Management Communication Quarterly*, 2009, 23: 84 - 104.

［14］Bowen, F., & Blackmon, K. (2003). Spirals of silence: The dynamic effects of diversity on organizational voice［J］. *Journal of Manage-*

ment Studies, 2003, 40: 1393 - 1417.

[15] Brinsfield, C. T., Edwards, M. S., & Greenberg, J.. Voice and silence in organizations: Historical review and current conceptualizations [A]. In J. Greenberg & M. Edwards (Eds.), *Voice and silence in organizations* [C]. Bingley, England: Emerald, 2009: 175 - 202.

[16] Brislin, R. W.. Translation and content analysis of oral and written materials [A]. In H. C. Triandis & W. W. Lambert (Eds.), *Handbook of cross - cultural psychology* [C]. Boston: Allyn & Bacon, 1980: 349 - 444.

[17] Brockner, J., Ackerman, G., Greenberg, J., Gelfand, M., Francesco, A., Chen, Z., Leung, K., Bierbrauer, G., Gomez, C. B., Kirkman, B. L., & Shapiro, D. L.. Culture and procedural justice: The influence of power distance on reactions to voice [J]. *Journal of Experimental Social Psychology*, 2001, 37: 300 - 315.

[18] Brockner, J., & Higgins, E. T.. Regulatory focus theory: Implications for the study of emotions at work [J]. *Organizational Behavior and Human Decision Processes*, 2001, 86: 35 - 66.

[19] Brockner, J., Higgins, E. T., & Low, M. B.. Regulatory focus theory and the entrepreneurial process [J]. *Journal of Business Venturing*, 2004, 19: 203 - 220.

[20] Brockner, J., Paruchuri, S., Idson, L. C., & Higgins, E. T.. Regulatory focus and the probability estimates of conjunctive disjunctive events [J]. *Organizational Behavior and Human Decision Processes*, 2002, 87: 5 - 24.

[21] Burris, E. R., Detert, J. R., & Chiaburu, D. S.. Quitting be-

fore leaving: The mediating effects of psychological attachment and detachment on voice [J] . *Journal of Applied Psychology*, 2008, 93: 912 - 922.

[22] Carver, C. S., & Scheier, M. F.. *On the self-regulation of behavior* [M] . New York, NY: Cambridge University Press, 1998.

[23] Cesario J., Grant H., & Higgins E. T.. Regulatory fit and persuasion: Transfer from "feeling right" [J] . *Journal of Personality and Social Psychology*, 2004, 86: 388 - 404.

[24] Cesario J., & Higgins E. T.. Making message recipients "feel right": How nonverbal cues can increase persuasion [J] . *Psychological Science*, 2008, 19: 415 - 420.

[25] Chan, D.. Functional relations among constructs in the same content domain at different levels of analysis: A typology of composition models [J] . *Journal of Applied Psychology*, 1998, 83: 234 - 246.

[26] Clugston, M., Howell, J. P., & Dorfman, P. W.. Does cultural socialization predict multiple bases and foci of commitment? [J] . *Journal of Management*, 2000, 26: 5 - 30.

[27] Cortina, L. M., & Magley, V. J.. Raising voice, risking retaliation: Events following interpersonal mistreatment in the workplace [J] . *Journal of Occupational Health Psychology*, 2003, 8: 247 - 264.

[28] Cropanzano, R., Paddock, L., Rupp, D. E., Bagger, J., & Baldwin, A.. How regulatory focus impacts the process-by-outcome interaction for perceived fairness and emotions [J] . *Organizational Behavior and Human Decision Processes*, 2008, 105: 36 - 51.

[29] Crowe, E., & Higgins, E. T.. Regulatory focus and strategic in-

clinations: Promotion and prevention in decision – making [J]. *Organizational Behavior and Human Decision Processes*, 1997, 69: 117 – 132.

[30] Cunningham, W. A., Raye, C. L., & Johnson, M. K.. Neural correlates of evaluation associated with promotion and prevention regulatory focus [J]. *Cognitive, Affective, & Behavioral Neuroscience*, 2005, 5: 202 – 211.

[31] Das, T. K., & Kumar, R.. Regulatory focus and opportunism in the alliance development process [J]. *Journal of Management*, 2011, 37: 682 – 708.

[32] De Cremer, D., Mayer, D. M., van Dijke, M., Schouten, B. C., & Bardes, M.. When does self – sacrificial leadership motivate prosocial behavior? It depends on followers' prevention focus [J]. *Journal of Applied Psychology*, 2009, 94: 887 – 899.

[33] Detert, J. R., & Burris, E. R.. Leadership behavior and employee voice: Is the door really open? [J]. *Academy of Management Journal*, 2007, 50: 869 – 884.

[34] Detert, J. R., & Edmondson, A. C.. Implicit voice theories: Taken – for – granted rules of self – censorship at work [J]. *Academy of Management Journal*, 2011, 54: 461 – 488.

[35] Detert, J. R., & Treviño, L. K.. Speaking up to higher ups: How supervisor and skip – level leaders influence employee voice [J]. *Organization Science*, 2010, 21: 241 – 270.

[36] Dimotakis, N., Davison, R. B., & Hollenbeck, J. R.. Team structure and regulatory focus: The impact of regulatory fit on team dynamic

[J] . *Journal of Applied Psychology*, 2012, 97: 421 - 434.

[37] Dorfman, P. W. , & Howell, J. P. . Dimensions of national culture and effective leadership patterns: Hofstede revisited [J] . *Advances in International Comparative Management*, 1988, 3: 127 - 150.

[38] Earley, P. C. , & Erez, M. . *The transplanted executive: Why you need to understand how workers in other countries see the world differently* [M] . New York, NY: Oxford University Press, 1997.

[39] Edmondson, A. C. . Psychological safety and learning behavior in work teams [J] . *Administrative Science Quarterly*, 1999, 44: 350 - 383.

[40] Edmondson, A. C. . Speaking up in the operating room: How team leaders promote learning in interdisciplinary action teams [J] . *Journal of Management Studies*, 2003, 40: 1419 - 1452.

[41] Edwards, J. R. , & Lambert, L. S. . Methods for integrating moderation and mediation: A general analytical framework using moderated path analysis [J] . *Psychological Methods*, 2007, 12: 1 - 22.

[42] Erez, M. , & Earley, P. C. Comparative analysis of goal - setting strategies across cultures [J] . *Journal of Applied Psychology*, 1987, 72: 658 - 665.

[43] Eylon, D. , & Au, K. Y. . Exploring empowerment cross - cultural differences along the power distance dimension [J] . *International Journal of Intercultural Relations*, 1999, 23: 373 - 385.

[44] Farh, J. L. , Hackett, R. D. , & Liang, J. . Individual level cultural values as moderators of the perceived organizational support - employee outcome relationships in China: Comparing the effects of power distance and traditionality [J] . *Academy of Management Journal*, 2007, 50:

715 - 729.

[45] Fellner, B., Holler, M., Kirchler, E., & Schabmann, A.. Regulatory Focus Scale (RFS): Development of a scale to record dispositional regulatory focus [J]. *Swiss Journal of Psychology*, 2007, 66: 109 - 116.

[46] Ferris, D. L., Johnson, R. E., Rosen, C. C., Djurdjevic, E., Chang, C. -H. (D.), & Tan, J. A.. When is success not satisfying? Integrating regulatory focus and approach/avoidance motivation theories to explain the relation between core self - evaluation and job satisfaction [J]. *Journal of Applied Psychology*, 2013, 98: 342 - 353.

[47] Förster, J., Grant, H., Idson, L. C., & Higgins E. T.. Success/failure feedback, expectancies, and approach/avoidance motivation: How regulatory focus moderates classic relations [J]. *Journal of Experimental Social Psychology*, 2001, 37: 253 - 260.

[48] Förster, J., & Higgins, E. T.. How global versus local perception fits regulatory focus [J]. *Psychological Science*, 2005, 16: 631 - 636.

[49] Förster, J., Higgins, E. T., & Bianco, A. T.. Speed/accuracy decisions in task performance: Built - in trade - off or separate strategic concerns? [J]. *Organizational Behavior and Human Decision Processes*, 2003, 90: 148 - 164.

[50] Förster, J., Higgins, E. T., & Idson, L. C.. Approach and avoidance strength during goal attainment: Regulatory focus and the "goal looms larger" effect [J]. *Journal of Personality and Social Psychology*, 1998, 75: 1115 - 1131.

[51] Freitas, A. L. , & Higgins E. T.. Enjoying goal – directed action: The role of regulatory fit [J] . *Psychological Science*, 2002, 13: 1 – 6.

[52] Friedman, R. S. , & Förster, J.. The effects of promotion and prevention cues on creativity [J] . *Journal of Personality and Social Psychology*, 2001, 81: 1001 – 1013.

[53] Gao, L. , Janssen, O. , & Shi, K.. Leader trust and employee voice: The moderating role of empowering leader behaviors [J] . *Leadership Quarterly*, 2011, 22: 787 – 798.

[54] Gelfand, M. J. , Erez, M. , & Aycan, Z.. Cross – cultural organizational behavior [J] . *Annual Review of Psychology*, 2007, 58: 479 – 514.

[55] Gino, F. , & Margolis J. D.. Bringing ethics into focus: How regulatory focus and risk preferences influence (un) ethical behavior [J]. *Organizational Behavior and Human Decision Processes*, 2011, 115: 145 – 156.

[56] Gorman, C. A. , Meriac, J. P. , Overstreet, B. L. , Apodaca, S. , McIntyre, A. L. , Park P. , & Godbey, J. N.. A meta – analysis of the regulatory focus nomological network: Work – related antecedents and consequences [J] . *Journal of Vocational Behavior*, 2012, 80: 160 – 172.

[57] Graham, K. A. , Ziegert, J. C. , & Capitano, J.. The effect of leadership style, framing, and promotion regulatory focus on unethical pro – organizational behavior [J] . *Journal of Business Ethics*, 2015, 126: 423 – 436.

[58] Greenberg, J. , & Edwards, M. S.. *Voice and silence in organizations* [M] . Bingley, England: Emerald, 2009.

[59] Hamstra, M. R., Sassenberg, K., van Yperen, N. W., & Wisse, B.. Followers feel valued—when leaders' regulatory focus makes leaders exhibit behavior that fits followers' regulatory focus [J]. *Journal of Experimental Social Psychology*, 2014, 51: 34 - 40.

[60] Hamstra, M. R., van Yperen, N. W., Wisse, B., & Sassenberg, K.. Like or dislike: Intrapersonal regulatory fit affects the intensity of interpersonal evaluation [J]. *Journal of Experimental Social Psychology*, 2013, 49: 726 - 731.

[61] Harlos, K. P.. If you build a remedial voice mechanism, will they come? Determinants of voicing interpersonal mistreatment at work [J]. *Human Relations*, 2010, 63: 311 - 329.

[62] Higgins, E. T.. Self - discrepancy: A theory relating self and affect [J]. *Psychological Review*, 1987, 94: 319 - 340.

[63] Higgins, E. T. Self - discrepancy theory: What patterns of self - beliefs cause people to suffer? [J]. Advances in Experimental Social Psychology, 1989, 22: 93 - 136.

[64] Higgins, E. T.. Beyond pleasure and pain [J]. *American Psychologist*, 1997, 52: 1280 - 1300.

[65] Higgins, E. T.. Promotion and prevention: Regulatory focus as a motivational principle [J]. *Advances in Experimental Social Psychology*, 1998, 30: 1 - 46.

[66] Higgins, E. T.. Making a good decision: Value from fit [J]. *American Psychologist*, 2000, 55: 1217 - 1230.

[67] Higgins, E. T., Friedman, R. S., Harlow, R. E., Idson, L. C., Ayduk, O. N., & Taylor, A.. Achievement orientations from subjective

histories of success: Promotion pride versus prevention pride [J]. *European Journal of Social Psychology*, 2001, 31: 3 - 23.

[68] Higgins, E. T., Idson, L. C., Freitas, A. L., Spiegel, S., & Molden, D. C.. Transfer of value from fit [J]. *Journal of Personality and Social Psychology*, 2003, 84: 1140 - 1153.

[69] Higgins, E. T., Roney, C., Crowe, E.; & Hymes, C.. Ideal versus ought predilections for approach and avoidance: Distinct self - regulatory systems [J]. *Journal of Personality and Social Psychology*, 1994, 66: 276 - 286.

[70] Higgins, E. T., Shah, J., & Friedman, R.. Emotional responses to goal attainment: strength of regulatory focus as moderator [J]. *Journal of Personality and Social Psychology*, 1997, 72: 515 - 525.

[71] Higgins, E. T., & Spiegel, S.. Promotion and prevention strategies for self - regulation: A motivated cognition perspective [A]. In R. F. Baumeister & K. D. Vohs (Eds.), *Handbook of self - regulation: Research, theory, and applications* [C]. New York, NY: Guilford Press, 2004: 171 - 187.

[72] Hofmann, D. A., &. Gavin, M. B.. Centering decisions in hierarchical linear models: Implications for research in organizations [J]. *Journal of Management*, 1998, 24: 623 - 641.

[73] Hofmann, D. A., Griffin, M. A., & Gavin, M. B.. The application of hierarchical linear modeling to organizational research [A]. In K. J. Klein & S. W. J. Kozlowski (Eds.), *Multilevel theory, research, and methods in organizations: Foundations, extensions, and new directions* [C]. San Francisco, CA: Jossey - Bass, 2000: 467 - 511.

[74] Hofstede, G.. *Culture's consequences: International differences in work – related values* [M]. Beverly Hills, CA: Sage, 1980.

[75] Hofstede, G.. *Culture's consequences: International differences in work – related values (abridged)* [M]. Newbury Park, CA: Sage, 1984.

[76] Hofstede, G.. *Cultures and organizations: Software of the mind* [M]. New York: McGraw – Hill, 1991.

[77] House, R. J., Hanges, P. J., Javidan, M., Dorfman, P., & Gupta, V.. *Culture, leadership, and organizations: The GLOBE study of* 62 *societies* [M]. Thousand Oaks, CA: Sage, 2004.

[78] Huang, X., & Van de Vliert, E.. Where intrinsic job satisfaction fails to work: National moderators of intrinsic motivation [J]. *Journal of Organizational Behavior*, 2003, 24: 159 – 179.

[79] Huang, X., Van de Vliert, E., & Van der Vegt, G.. Breaking the silence culture: Stimulation of participation and employee opinion withholding cross – nationally [J]. *Management and Organization Review*, 2005, 1: 459 – 482.

[80] Hui, M. K., Au, K., & Fock, H.. Empowerment effects across cultures [J]. *Journal of International Business Studies*, 2004, 35: 46 – 60.

[81] Hwang, A., & Francesco, A. M.. The influence of individualism – collectivism and power distance on use of feedback channels and consequences for learning [J]. *Academy of Management Learning & Education*, 2010, 9: 243 – 257.

[82] Idson, L. C., Liberman, N., & Higgins, E. T.. Distinguishing gains from nonlosses and losses from nongains: A regulatory focus perspective

on hedonic intensity [J]. *Journal of Experimental Social Psychology*, 2000, 36: 252 - 274.

[83] Jackson, C., Colquitt, J., Wesson, M., & Zapata - Phelan, C.. Psychological collectivism: A measurement validation and linkage to group member performance [J]. *Journal of Applied Psychology*, 2006, 91: 884 - 899.

[84] James, L. R., Demaree, R. G., & Wolf, G.. Estimating within - group interrater reliability with and without response bias [J]. *Journal of Applied Psychology*, 1984, 69: 85 - 98.

[85] Javidan, M., Dorfman, P. W., Sully de Luque, M., & House, R. J.. In the eye of the beholder: Cross - cultural lessons in leadership from Project GLOBE [J]. *Academy of Management Perspectives*, 2006, 20: 67 - 90.

[86] Johnson, P. D., Shull, A. & Wallace J. C.. Regulatory focus as a mediator in goal orientation and performance relationships [J]. *Journal of Organizational Behavior*, 2011, 32: 751 - 766.

[87] Johnson, P. D., Smith, M. B., Wallace, J. C., Hill, A. D., & Baron, R. A.. A review of multilevel regulatory focus in organizations [J]. *Journal of Management*, 2015, 41: 1501 - 1529.

[88] Johnson, R. E., & Chang, C. H.. Development and validation of a work - based regulatory focus scale [R]. *Poster presented at the 23rd Annual Society for Industrial and Organizational Psychology Conference*, San Francisco, California, 2008.

[89] Johnson, R. E., Chang, C. - H., & Rosen, C. C.. Who I am depends on how fairly I'm treated: Effects of justice on self - identity and reg-

ulatory focus [J]. *Journal of Applied Social Psychology*, 2010, 40: 3020 - 3058.

[90] Johnson, R. E., Chang, C. H. (D.), & Yang, L. Q.. Commitment and motivation at work: The relevance of employee identity and regulatory focus [J]. *Academy of Management Review*, 2010, 35: 226 - 245.

[91] Kark, R., Katz - Navon, T., & Delegach, M.. The dual effects of leading for safety: The mediating role of employee regulatory focus [J]. *Journal of Applied Psychology*, 2015, 100: 1332 - 1348.

[92] Kark, R., & Van Dijk, D.. Motivation to lead, motivation to follow: The role of the self - regulatory focus in leadership processes [J]. *Academy of Management Review*, 2007, 32: 500 - 528.

[93] Keller, J.. Development and validation of a self - report scale assessing performance - related chronic self - regulatory concerns: The regulatory concerns questionnaire. University of Mannheim, Germany: Unpublished manuscript, 2006.

[94] Keltner, D., Gruenfeld, D. H., & Anderson, C.. Power, approach, and inhibition [J]. *Psychological Review*, 2003, 110: 265 - 284.

[95] Kim, T., & Leung, K.. Forming and reacting to overall fairness: A cross - cultural comparison [J]. *Organizational Behavior and Human Decision Processes*, 2007, 104: 83 - 95.

[96] Kirkman, B. L., Chen, G., Farh, J. - L., Chen, Z. X., & Lowe, K. B.. Individual power distance orientation and follower reactions to transformational leaders: A cross - level, cross - cultural examination [J]

. *Academy of Management Journal*, 2009, 52: 744 - 764.

[97] Kirkman, B. L., Lowe, K. B., & Gibson, C. B.. A quarter century of culture's consequences: A review of empirical research incorporating Hofstede's cultural value framework [J]. *Journal of International Business Studies*, 2006, 37: 285 - 320.

[98] Kirkman, B. L., & Shapiro, D. L.. The impact of cultural values on job satisfaction and organizational commitment in self - managing work teams: The mediating role of employee resistance [J]. *Academy of Management Journal*, 2001, 44: 557 - 569.

[99] Kish - Gephart, J. J., Detert, J. R., Treviño, L. K., & Edmondson, A. C.. Silenced by fear: The nature, sources and consequences of fear at work [J]. *Research in Organizational Behavior*, 2009, 29: 163 - 193.

[100] Komissarouk, S., & Nadler, A.. "I" seek autonomy, "we" rely on each other: Self - construal and regulatory focus as determinants of autonomy - and dependency - oriented help - seeking behavior [J]. *Personality and Social Psychology Bulletin*, 2014, 40: 726 - 738.

[101] Kozlowski, S. W. J., & Klein, K. J.. A multilevel approach to theory and research in organizations: Contextual, temporal, and emergent processes [A]. In K. J. Klein & S. W. Kozlowski (Eds.), *Multilevel theory, research, and methods in organizations* [C]. San Francisco: Jossey - Bass, 2000: 349 - 381.

[102] Lam, S. S. K., Schaubroeck, J., & Aryee, S.. Relationship between organizational justice and employee work outcomes: A cross - national study [J]. *Journal of Organizational Behavior*, 2002, 23: 1 - 18.

[103] Lanaj, K., Chang, C. –H., & Johnson R. E.. Regulatory focus and work – related outcomes: A review and meta – analysis [J]. *Psychological Bulletin*, 2012, 138: 998 – 1034.

[104] LeBreton, J. M., & Senter, J. L.. Answers to 20 questions about interrater reliability and interrater agreement [J]. *Organizational Research Methods*, 2008, 11: 815 – 852.

[105] Lee, A. Y., & Aaker, J. L.. Bringing the frame into focus: the influence of regulatory fit on processing fluency and persuasion [J]. *Journal of Personality and Social Psychology*, 2004, 86: 205 – 218.

[106] Lee, A. Y., Aaker, J. L., & Gardner, W. L.. The pleasures and pains of distinct self – construals: The role of interdependence in regulatory focus [J]. *Journal of Personality and Social Psychology*, 2000, 78: 1122 – 1134.

[107] Lee, C., Pillutla, M., & Law, K. S.. Power – distance, gender, and organizational justice [J]. *Journal of Management*, 2000, 26: 685 – 704.

[108] Li, A., Evans, J., Christian, M. S., Gilliland, S. W., Kausel, E. E., & Stein, J. H.. The effects of managerial regulatory fit priming on reactions to explanations [J]. *Organizational Behavior and Human Decision Processes*, 2011, 115: 268 – 282.

[109] Lian, H., Ferris, D. L., & Brown, D. J.. Does power distance exacerbate or mitigate the effects of abusive supervision? It depends on the outcome [J]. *Journal of Applied Psychology*, 2012, 97: 107 – 123.

[110] Liberman, N., Idson, L. C., Camacho, C. J., & Higgins, E. T.. Promotion and prevention choices between stability and change [J]

. *Journal of Personality and Social Psychology*, 1999, 77: 1135 - 1145.

[111] Lin, W., Wang, L., & Chen, S.. Abusive supervision and employee well - being: The moderating effect of power distance orientation [J]. *Applied Psychology: An International Review*, 2013, 62: 308 - 329.

[112] Liu, W., Zhu, R., & Yang, Y.. I warn you because I like you: Voice behavior, employee identifications, and transformational leadership [J]. *Leadership Quarterly*, 2010, 21: 189 - 202.

[113] Lockwood, P., Jordan, C. H., & Kunda, Z.. Motivation by positive or negative role models: Regulatory focus determines who will best inspire us [J]. *Journal of Personality and Social Psychology*, 2002, 83: 854 - 864.

[114] Loi, R., Lai, J. Y. M., & Lam, L. W.. Working under a committed boss: A test of the relationship between supervisors' and subordinates' affective commitment [J]. *Leadership Quarterly*, 2012, 23: 466 - 475.

[115] Loi, R., Lam, L. W., & Chan, K. W.. Coping with job insecurity: The role of procedural justice, ethical leadership and power distance orientation [J]. *Journal of Business Ethics*, 2012, 108: 361 - 372.

[116] Lord, R. G., Brown, D. J., & Freiberg, S. J.. Understanding the dynamics of leadership: the role of follower self - concepts in the leader/follower relationship [J]. *Organizational Behavior and Human Decision Processes*, 1999, 78: 167 - 203.

[117] MacKinnon, D. P., Fritz, M. S. Williams, J. & Lockwood, C. M.. Distribution of the product confidence limits for the indirect effect:

Program PRODCLIN [J] . *Behavior Research Methods*, 2007, 39: 384 - 389.

[118] MacKinnon, D. P., Lockwood, C. M., Hoffman, J. M., West, S. G., & Sheets, V.. A comparison of methods to test the significance of the mediated effect [J] . *Psychological Methods*, 2002, 7: 83 - 104.

[119] Manczak, E. M., Zapata - Gietl, C., & McAdams, D. P.. Regulatory focus in the life story: Prevention and promotion as expressed in three layers of personality [J] . *Journal of Personality and Social Psychology*, 2014, 106: 169 - 181.

[120] Mao, C., Chang, C. - H., Johnson, R. E., & Sun, J.. A mediated moderation model of incivility, contract breach, and behaviors [R] . *Poster presented at the 27th Annual Society for Industrial and Organizational Psychology Conference*, San Diego, California, 2012.

[121] Markovits, Y., Ullrich, J., Van Dick, R., & Davis, A. J.. Regulatory foci and organizational commitment [J] . *Journal of Vocational Behavior*, 2008, 73: 485 - 489.

[122] Mathieu, J. E., & Taylor, S. R.. A framework for testing meso - mediational relationships in organizational behavior [J] . *Journal of Organizational Behavior*, 2007, 28: 141 - 172.

[123] Milgram, S.. *Obedience to authority* [M] . New York: Harper & Row, 1974.

[124] Milliken, F. J., & Lam, N.. Making the decision to speak up or to remain silent: Implications for organizational learning [A] . In J. Greenberg & M. Edwards (Eds.), *Voice and silence in organizations* [C] .

Bingley, England: Emerald, 2009: 225 –244.

[125] Milliken, F. J., Morrison, E. W., & Hewlin, P.. An exploratory study of employee silence: Issues that employees don't communicate upward and why [J]. *Journal of Management Studies*, 2003, 40: 1453 – 1476.

[126] Morrison, E. W.. Employee voice behavior: Integration and directions for future research [J]. *Academy of Management Annals*, 2011, 5: 373 – 412.

[127] Morrison, E. W., Chen Y., & Salgado, S. R.. Cultural differences in newcomer feedback seeking: A comparison of the United States and Hong Kong [J]. *Applied Psychology*, 2004, 53: 1 – 22.

[128] Morrison, E. W., & Milliken, F. J.. Organizational silence: A barrier to change and development in a pluralistic world [J]. *Academy of Management Review*, 2000, 25: 706 – 725.

[129] Morrison, E. W., & Rothman, N. B.. Silence and the dynamics of power [A]. In J. Greenberg & M. Edwards (Eds.), *Voice and silence in organizations* [C]. Bingley, England: Emerald, 2009: 175 –202.

[130] Neubert, M. J., Kacmar, K. M., Carlson, D. S., Chonko, L. B., & Roberts, J. A.. Regulatory focus as a mediator of the influence of initiating structure and servant leadership on employee behavior [J]. *Journal of Applied Psychology*, 2008, 93: 1220 – 1233.

[131] Olson – Buchanan, J. B., & Boswell, W. R.. An integrative model of experiencing and responding to mistreatment at work [J]. *Academy of Management Review*, 2008, 33: 76 – 96.

[132] Ouschan, L., Boldero, J. M., Kashima, Y., Wakimoto, R., & Kashima, E. S.. Regulatoryfocus strategies scale: A measure of individual

differences in the endorsement of regulatory strategies [J]. *Asian Journal of Social Psychology*, 2007, 10: 243 - 457.

[133] Peng, A. C., Dunn, J., & Conlon, D. E.. When vigilance prevails: The effect of regulatory focus and accountability on integrative negotiation outcomes [J]. *Organizational Behavior and Human Decision Processes*, 2015, 126: 77 - 87.

[134] Pennington, G. L., & Roese, N. J.. Regulatory focus and temporal distance [J]. *Journal of Experimental Social Psychology*, 2003, 39: 563 - 576.

[135] Pfattheicher, S.. A regulatory focus perspective on reputational concerns: The impact of prevention – focused self – regulation [J]. *Motivation and Emotion*, 2015, 39: 932 - 942.

[136] Piderit, S. K., & Ashford, S. J.. Breaking silence: Tactical choices women managers make in speaking up about gender equity issues [J]. *Journal of Management Studies*, 2003, 40: 1477 - 1502.

[137] Pinder, C. C., & Harlos, K. P.. Employee silence: Quiescence and acquiescence as responses to perceived injustice [J]. *Research in Personnel and Human Resources Management*, 2001, 20: 331 - 369.

[138] Podsakoff, P. M., MacKenzie, S. B., Lee, J. Y., & Podsakoff, N. P.. Common method biases in behavioral research: A critical review of the literature and recommended remedies [J]. *Journal of Applied Psychology*, 2003, 88: 879 - 903.

[139] Premeaux, S. F., & Bedeian, A. G.. Breaking the silence: The moderating effects of self – monitoring in predicting speaking up in the workplace [J]. *Journal of Management Studies*, 2003, 40: 1537 - 1562.

[140] Raudenbush, S. W., & Bryk, A. S.. *Hierarchical linear models: Applications and data analysis methods* (2nd ed.) [M]. Thousand Oaks, CA: Sage, 2002.

[141] Righetti, F., Finkenauer, C., & Rusbult, C.. The benefits of interpersonal regulatory fit for individual goal pursuit [J]. *Journal of Personality and Social Psychology*, 2011, 101: 720 - 736.

[142] Righetti, F., & Kumashiro, M.. Interpersonal goal support in achieving ideals and oughts: The role of dispositional regulatory focus [J]. *Personality and Individual Differences*, 2012, 53: 650 - 654.

[143] Robertson, C. J., & Hoffman, J. J.. How different are we? An investigation of confucian values in the United States [J]. *Journal of Managerial Issues*, 2000, 12: 34 - 47.

[144] Roese, N. J., Hur, T., & Pennington, G. L.. Counterfactual thinking and regulatory focus: Implications for action versus inaction and sufficiency versus necessity [J]. *Journal of Personality and Social Psychology*, 1999, 77: 1109 - 1120.

[145] Rosen, S., & Tesser, A.. On reluctance to communicate undesirable information: The MUM effect [J]. *Sociometry*, 1970, 33: 253 - 263.

[146] Ross, M.. Relation of implicit theories to the construction of personal histories [J]. *Psychological Review*, 1989, 96: 341 - 357.

[147] Salancik, G. R., & Pfeffer, J.. A social information processing approach to job attitudes and task design [J]. *Administrative Science Quarterly*, 1978, 23: 224 - 252.

[148] Sassenberg, K., Landkammer, F., & Jacoby, J.. The influ-

ence of regulatory focus and group vs. individual goals on the evaluation bias in the context of group decision making [J]. *Journal of Experimental Social Psychology*, 2014, 54: 153 - 164.

[149] Schilpzand, M. C., Martins, L. L., Kirkman, B. L., Lowe, K. B., & Chen, Z. X.. The relationship between organizational justice and organizational citizenship behaviour: The role of cultural value orientations [J]. *Management and Organization Review*, 2013, 9: 345 - 374.

[150] Scholer, A. A., & Higgins, E. T.. Distinguishing levels of approach and avoidance: An analysis using regulatory focus theory [A]. In A. J. Elliot (Ed.), *Handbook of approach and avoidance motivation* [C]. New York, NY: Psychology Press, 2008: 489 -503.

[151] Seligman, M. E. P.. *Helplessness: On depression, development, and death* [M]. San Francisco: Freeman, 1975.

[152] Semin, G. R., Higgins, T., Gil de Monies, L., Estourget, Y., &Valencia, J. F.. Linguistic signatures of regulatory focus: How abstraction fits promotion more than prevention [J]. *Journal of Personality and Social Psychology*, 2005, 89: 36 - 45.

[153] Shah, J., & Higgins, E. T.. Expectancy ×value effects: Regulatory focus as determinant of magnitude and direction [J]. *Journal of Personality and Social Psychology*, 1997, 73: 447 - 458.

[154] Shah, J., Higgins, E. T., & Friedman, R. S.. Performance incentives and means: How regulatory focus influences goal attainment [J]. *Journal of Personality and Social Psychology*, 1998, 74: 285 - 293.

[155] Shrout, P. E., & Bolger, N.. Mediation in experimental and nonexperimental studies: New procedures and recommendations [J]. *Psy-*

chological Methods, 2002, 7: 422 - 445.

[156] Shrout, P. E., & Fleiss, J. L.. Intraclass correlations: Uses in assessing rater reliability [J]. *Psychological Bulletin*, 1979, 86: 420 - 428.

[157] Siemsen, E., Roth, A., & Oliveira, P.. Common method bias in regression models with linear, quadratic, and interaction effects [J]. *Organizational Research Methods*, 2010, 13: 456 - 476.

[158] Smith, P. B., Peterson, M. F., & Schwartz, S. H.. Cultural values, sources of guidance, and their relevance to managerial behavior [J]. *Journal of Cross - Cultural Psychology*, 2002, 33: 188 - 208.

[159] Sobel, M. E.. Asymptotic confidence intervals for indirect effects in structural equation models [A]. In S. Leinhardt (Ed.), *Sociological methodology* [C]. Washington, DC: American Sociological Association, 1982: 290 - 312.

[160] Spector, P. E., & Brannick, M. T.. Methodological urban legends: The misuse of statistical control variables [J]. *Organizational Research Methods*, 2011, 14: 287 - 305.

[161] Spreitzer, G. M., Perttula, K. H., & Xin, K. R.. Traditionality matters: An examination of the effectiveness of transformational leadership in the United States and Taiwan [J]. *Journal of Organizational Behavior*, 2005, 26: 205 - 227.

[162] Stam, D. A., van Knippenberg, D., & Wisse, B.. Focusing on followers: The role of regulatory focus and possible selves in visionary leadership [J]. *Leadership Quarterly*, 2010a, 21: 457 - 468.

[163] Stam, D. A., van Knippenberg, D., & Wisse, B.. The role of

regulatory fit in visionary leadership [J]. *Journal of Organizational Behavior*, 2010*b*, 31: 499 - 518.

[164] Strauman, T. J., & Higgins, E. T.. Self - discrepancies as predictors of vulnerability to distinct syndromes of chronic emotional distress [J]. *Journal of Personality*, 1988, 56: 685 - 707.

[165] Sue - Chan, C., & Ong, M.. Goal assignment and performance: Assessing the mediating roles of goal commitment and self - efficacy and the moderating role of power distance [J]. *Organizational Behavior and Human Decision Processes*, 2002, 89: 1140 - 1161.

[166] Sue - Chan, C., Wood, R. E., & Latham, G. P.. Effect of a coach's regulatory focus and an individual's implicit person theory on individual performance [J]. *Journal of Management*, 2012, 38: 809 - 835.

[167] Sully de Luque, M. F., & Sommer, S. M.. The impact of culture on feedback - seeking behavior: An integrated model and propositions [J]. *Academy of Management Review*, 2000, 25: 829 - 849.

[168] Summerville, A., & Roese, N. J.. Self - report measures of individual differences in regulatory focus: A cautionary note [J]. *Journal of Research in Personality*, 2008, 42: 247 - 254.

[169] Sun, S. H., Song, Z. L., & Lim, V. K. G.. Dynamics of the job search process: Developing and testing a mediated moderation model [J]. *Journal of Applied Psychology*, 2013, 98: 771 - 784.

[170] Tangirala, S., & Ramanujam, R.. Employee silence on critical work issues: The cross level effects of procedural justice climate [J]. *Personal Psychology*, 2008, 61: 37 - 68.

[171] Taras, V., Kirkman, B. L., & Steel, P.. Examining the im-

pact of culture's consequences: A three – decade, multilevel, meta – analytic review of Hofstede's cultural value dimensions [J]. *Journal of Applied Psychology*, 2010, 95: 405 – 439.

[172] Thaler, R.. Toward a positive theory of consumer choice [J]. *Journal of Economic Behavior & Organization*, 1980, 1: 39 – 60.

[173] Triandis, H. C.. *Individualism & collectivism: New directions in social psychology* [M]. Boulder, CO, US: Westview Press, 1995.

[174] Tsui, A. S., Nifadkar, S. S., & Ou, A. Y.. Cross – national, cross – cultural organizational behavior research: Advances, gaps, and recommendations [J]. *Journal of Management*, 2007, 33: 426 – 478.

[175] Tucker, S., Chmiel, N., Turner, N., Hershcovis, M. S., & Stride, C. B.. Perceived organizational support for safety and employee safety voice: The mediating role of coworker support for safety [J]. *Journal of Occupational Health Psychology*, 2008, 13: 319 – 330.

[176] Tuncdogan, A., van Den Bosch, F., & Volberda, H.. Regulatory focus as a psychological micro – foundation of leaders' exploration and exploitation activities [J]. *Leadership Quarterly*, 2015, 26: 838 – 850.

[177] Tyler, T. R., Lind, E. A., & Huo, Y. J.. Cultural values and authority relations: The psychology of conflict resolution across cultures [J]. *Psychology, Public Policy, and Law*, 2000, 6: 1138 – 1163.

[178] Vakola, M., & Bouradas, D.. Antecedents and consequences of organizational silence: An empirical investigation [J]. *Employee Relations*, 2005, 27: 441 – 458.

[179] Van Der Vegt, G. S., Van De Vliert, E. & Huang X.. Location – level links between diversity and innovative climate depend on national

power distance [J]. *Academy of Management Journal*, 2005, 48: 1171 - 1182.

[180] Van Dijk, D., & Kluger, A. N.. Feedback sign effect on motivation: Is it moderated by regulatory focus? [J] *Applied Psychology*, 2004, 53: 113 - 135.

[181] Van Dijk, D., & Kluger, A. N.. Task type as a moderator of positive/negative feedback effects on motivation and performance: A regulatory focus perspective [J]. *Journal of Organizational Behavior*, 2011, 32: 1084 - 1105.

[182] Van Dyne, L., Ang, S., & Botero, I. C.. Conceptualizing employee silence and employee voice as multidimensional constructs [J]. *Journal of Management Studies*, 2003, 40: 1359 - 1392.

[183] Van Dyne, L., Kamdar, D., & Joireman, J.. In - role perceptions buffer the negative impact of low LMX on helping and enhance the positive impact of high LMX on voice [J]. *Journal of Applied Psychology*, 2008, 93: 1195 - 1207.

[184] Van Dyne, L., & LePine, J. A.. Helping and voice extra - role behaviors: Evidence of construct and predictive validity [J]. *Academy of Management Journal*, 1998, 41: 108 - 119.

[185] Vroom, V. H.. *Work and motivation* [M]. New York, NY: Wiley, 1964.

[186] Wallace, C., & Chen, G.. A multilevel integration of personality, climate, self - regulation, and performance [J]. *Personnel Psychology*, 2006, 59: 529 - 557.

[187] Wallace, J. C., Johnson, P. D., & Frazier, M. L.. An ex-

amination of the factorial, construct, and predictive validity and utility of the-regulatory focus at work scale [J]. *Journal of Organizational Behavior*, 2009, 30: 805 - 831.

[188] Weber, L., & Mayer, K. J.. Designing effective contracts: Exploring the influence of framing and expectations [J]. *Academy of Management Review*, 2011, 36: 53 - 75.

[189] Woltin, K. -A., & Yzerbyt, V.. Regulatory focus in predictions about others [J]. *Personality and Social Psychology Bulletin*, 2015, 41: 379 - 392.

[190] Wu, P. -C., & Chaturvedi, S.. The role of procedural justice and power distance in the relationship between high performance work systems and employee attitudes: A multilevel perspective [J]. *Journal of Management*, 2009, 35: 1228 - 1247.

[191] Yang, J., Mossholder, K. W., & Peng, T. K.. Procedural justice climate and group power distance: An examination of cross - level interaction effects [J]. *Journal of Applied Psychology*, 2007, 92: 681 - 692.

[192] Zhang, S., Cornwell, J. F., & Higgins, E. T.. Repeating the past: Prevention focus motivates repetition, even for unethical decisions [J]. *Psychological Science*, 2014, 25: 179 - 187.

[193] Zhang, Y. & Mittal, V.. The attractiveness of enriched and impoverished options: Culture, self - construal, and regulatory focus [J]. *Personality and Social Psychology Bulletin*, 2007, 33: 588 - 598.

[194] Zhang, Y., & Begley, T. M.. Power distance and its moderating impact on empowerment and team participation [J]. *International Jour-*

nal of Human Resource Management, 2011, 22: 3601 - 3617.

[195] Zou, X., Scholer, A. A., & Higgins, E. T.. In pursuit of progress: Promotion motivation and risk preference in the domain of gains [J]. *Journal of Personality and Social Psychology*, 2014, 106: 183 - 201.

[196] 何轩. 为何员工知而不言——员工沉默行为的本土化实证研究 [J]. 南开管理评论, 2010, 13: 45 - 52.

[197] 李超平, 鲍春梅. 社会交换视角下的组织沉默形成机制：信任的中介作用 [J]. 管理学报, 2011, 8: 676 - 682.

[198] 李磊, 尚玉钒. 基于调节焦点理论的领导对下属创造力影响机理研究 [J]. 南开管理评论, 2011, 14: 4 - 11.

[199] 李锐, 凌文辁. 上司支持感对员工工作态度和沉默行为的影响 [J]. 商业经济与管理, 2010, 223: 31 - 39.

[200] 尚玉钒, 李磊. 领导行为示范、工作复杂性、工作调节焦点与创造力 [J]. 科学学与科学技术管理, 2015, 36: 147 - 158.

[201] 汪玲, 林晖芸, 逄晓鸣. 特质性与情境性调节定向匹配效应的一致性 [J]. 心理学报, 2011, 43: 553 - 560.

[202] 严丹, 黄培伦. 辱虐管理对建言行为影响及机制 [J]. 管理工程学报, 2012, 26: 8 - 16.

[203] 姚琦, 马华维, 乐国安. 期望与绩效的关系：调节定向的调节作用 [J]. 心理学报, 2010, 42: 704 - 714.

[204] 张燕, 怀明云. 威权式领导行为对下属组织公民行为的影响研究——下属权力距离的调节作用 [J]. 管理评论, 2012, 24: 97 - 105.

[205] 郑晓涛, 柯江林, 石金涛, 郑兴山. 中国背景下员工沉默的

测量以及信任对其的影响［J］．心理学报，2008，40：219－227.

［206］郑雯，汪玲，方平，李迪斯．如何道歉更有效：调节聚焦与信息框架的作用［J］．心理科学，2015，38：166－171.

［207］周建涛，廖建桥．为何中国员工偏好沉默——威权领导对员工建言的消极影响［J］．商业经济与管理，2012，253：71－81.

附　录

本研究中所使用的量表：

领导权力距离倾向（Dorfman & Howell，1988）

1. 我的上司在做决策时不征求下属的意见。

2. 我的上司和下属打交道时，经常运用自己的职权。

3. 我的上司很少询问下属的意见。

4. 我的上司避免与下属进行工作之外的来往。

5. 我的上司不喜欢下属反对他/她的决策。

6. 我的上司不会将重要的工作授权给下属。

员工沉默行为（Detert & Edmondson，2011）

1. 即使我知道如何去完善公司的工作政策，我也不会和上司说。

2. 即使我知道如何开发新产品或提高服务质量，我也不和别人说。

3. 即使我知道上司和下属的沟通方式存在问题，我也不会提出来。

4. 在讨论日常工作问题的会议上，我通常保持沉默。

5. 即使我知道如何提升公司的形象，我也不会去说。

建言有用感（Burris et al.，2008）

1. 在公司里，发表改进工作的意见完全是浪费时间。（R）

2. 在公司里，提出新的做事方法是做无用功。（R）

3. 在公司里，即使我提出自己的想法也不会改变什么。（R）

心理安全感（Edmondson，1999）

1. 在公司中犯错误会受到指责。(R)

2. 公司允许员工提出问题和质疑。

3. 公司里的人常常会排斥和他们自己不一样的人。(R)

4. 即使要为公司承担风险，我也会觉得安心。

5. 要得到公司里其他人的帮助是很难的。(R)

6. 公司里的人不会故意破坏我的成果。

7. 在公司中，我独特的技术和才能得到重视和发挥。

调节焦点（R. E. Johnson & Chang，2008）

促进焦点：

1. 我希望在工作中充分发挥自己的潜力。

2. 我关注自己在工作中的成功经历。

3. 我经常会去想工作中好的一面。

4. 我把工作看作实现自己愿望和抱负的一种方式。

5. 我会去想工作能给我带来的好处。

6. 当我完成了大量工作时，我会很开心。

防御焦点：

1. 我关注自己在工作中的失败经历。

2. 我担心工作中发生不好的事情。

3. 我经常会去想工作中消极的方面。

4. 我会去想自己万一失去工作后可能的遭遇。

5. 当我不能履行工作职责时，我会感到焦虑。

6. 工作中我有时候会感到焦虑。

建言想法（Burris et al.，2008）

1. 我有一些可以使公司变得更好的想法。

2. 我有一些可以使我的工作完成得更好的想法。

重要术语索引表

Z

后　记

本书是基于我的博士毕业论文和国家自然科学基金项目完成的。早在博士入学之初，我就对员工沉默行为产生了浓厚的研究兴趣。感谢在中国人民大学的三年读博时光，让我学会用科学的研究方法去探讨现实中的管理问题。感谢国家自然科学基金项目“员工沉默行为的产生机制：基于内隐理论的研究”（项目编号：71402107）的资助，让我在成为一名高校教师之后，很快就能继续开展自己喜欢的研究。感谢首都经济贸易大学劳动经济学院领导的关心支持和科研资助，这本书才有幸能够得以出版。

“为学莫重于尊师。”感谢我的恩师孙健敏教授。在我五年的研究生学习过程中，是您教导我要“知足常乐，知不足常学”，让我更加坚定自己不断求学的步伐；是您告诉我要“两耳不闻窗外事，一心只读圣贤书”，鼓励我静下心来细细阅读专业书籍和经典文献；也是您点拨我要懂得“世事洞明皆学问，人情练达即文章”，引领我在未来的学术道路不断前行。

“穴壁而窥，见不盈尺；我登泰巅，洞视八极。”正是在孙老师的引荐下，我有幸认识了 Michigan State University 的 Daisy Chang 和 Russell Johnson 两位教授，并且在他们的共同指导下完成了一学年的联合培养项目。感谢 Daisy 和 Russ，是你们在生活上的帮助和关照，让第一次踏出国门的我很快适应了美国的生活；是你们在学术上的指导和引领，让我更加懂得了独立思考能力对一个学者的重要性。

“得君之所助，青云如闲步。”感谢我的每一位老师，是你们的悉心教导让我不断成长；感谢我的每一位同事，是你们的热心帮助让我学为人师；感谢孙门的每一位兄弟姐妹，是你们陪伴我在学术道路上一起前进；感谢我的每一位同学，是你们让我在北京9年的学生生活充满色彩和欢乐；感谢相关领域的学者们，是你们的学术成果为本研究奠定了扎实的理论基础；感谢素不相识的被调查者，是你们的有效填答为本研究的开展提供了有力的数据支持。

“谁言寸草心，报得三春晖。”读书20余载，我要特别感谢我最亲爱的父母，是你们用家的力量支持我一步一步坚定地走下去，是你们用爱的希冀鼓励我张开追求理想的翅膀。今年是我来北京学习与工作的第14年，也是离开家的第14年。你们对我无条件的疼爱、呵护与包容，是最让我深感愧疚和无以回报的。不能常陪在你们身边，唯愿你们身体健康，平安幸福！

“同声若鼓瑟，合韵似鸣琴。”感谢我的先生郭磊，是你在我犹豫不决的时候给我最坚定的支持，让我卸下畏惧继续前进；是你在我失望不安的时候给予我亲人般的温暖，让我的生活充满阳光和希望。

“无冥冥之志者，无昭昭之明；无惛惛之事者，无赫赫之功。”

毛畅果

2017年2月25日夜

芳菲路88号院